培智课堂

教学设计

陈丽江／主编

曾子豪／副主编

中国出版集团　现代出版社

图书在版编目（ＣＩＰ）数据

培智课堂教学设计 / 陈丽江主编. -- 北京 ： 现代
出版社，2023.12
ISBN 978-7-5231-0628-0

Ⅰ．①培… Ⅱ．①陈… Ⅲ．①特殊教育－课堂教学－
教学研究 Ⅳ．①G761.2

中国国家版本馆CIP数据核字（2023）第213412号

作　者　陈丽江
责任编辑　姚冬霞

出版人　乔先彪
出版发行　现代出版社
地　址　北京市安定门外安华里504号
邮政编码　100011
电　话　(010) 64267325
传　真　(010) 64245264
网　址　www.1980xd.com
印　刷　北京政采印刷服务有限公司
开　本　710mm×1000mm　1/16
印　张　14.75
字　数　223千字
版　次　2023年12月第1版　2023年12月第1次印刷
书　号　ISBN 978-7-5231-0628-0
定　价　58.00元

编 委 会

前言

　　《"十四五"特殊教育发展提升行动计划》提出的主要目标是：到2025年高质量的特殊教育体系初步建立。文中具体目标包含了"教育质量全面提升"。要落实这个目标，其中一条重要途径是，每位特殊教育教师在课堂上高质量地教，让特殊需要学生在课堂上有兴趣地学。达成高质量地教的前提是需要教师研究课标，吃透教材，摸清学情，遵循教学规律、尊重学生差异，精心安排教学环节，打造一份高质量的教学设计。

　　在此背景下开始酝酿构思《培智课堂教学设计》，前后历时约一年，收录了广东省陈丽江名师工作室学员的三十二篇培智课堂教学设计。从学科上看，涵盖了"生活语文""生活数学""生活适应""劳动技能""唱游与律动""绘画与手工""运动与保健"等七类国家规定的一般性课程；也包括了"信息技术""康复训练""艺术休闲"等三门选择性课程，还收录了"心理健康"等特色课程，能够满足培智学校不同学科教师的教学需求。从年级上看，包含了培智学校一年级至高中的教学设计，希望能给培智学校承担不同年级教学任务的任课教师提供参考和借鉴。

　　路虽远，行则将至；事虽难，做则必成。全面提高特殊教育的教育质量之路任重而道远，我愿带着青年特教教师们为之不停探索并不懈努力奋斗。

陈丽江

2023年7月于深圳

目录

第一章　生活语文

第二章　生活数学

第三章　生活适应

第四章　劳动技能

第五章　唱游与律动

第六章　绘画与手工

第七章　运动与保健

第八章　信息技术

第九章　康复训练

第十章　艺术休闲

第十一章　心理健康

生活语文

第一章

1

语言文字是人类最重要的交际工具和信息载体，是人类文化的重要组成部分。生活语文是培智学校学生学习应用语言文字的重要载体，也是培智学校学生发展思维、改善功能、学习文化知识和形成生活技能的基础。生活语文课程标准是培智学校实施语文教育教学的重要依据。生活语文课程的基础作用与多重功能奠定了该课程在培智学校九年义务教育中的重要地位。

第一节　性质理念

一、课程性质

生活语文课程是培智学校义务教育阶段的一般性课程，是一门学习语言文字运用的综合性、实践性课程。生活语文课程应使培智学校学生初步学会运用祖国语言文字进行沟通交流，具有基本的适应生活的听、说、读、写能力，提高文化素养，初步形成正确的世界观、人生观和价值观。工具性、人文性、生活性相统一是生活语文课程的基本特点。

二、课程理念

1. 培养学生适应生活的语文素养

生活语文课程应面向培智学校的全体学生，培育学生热爱祖国语言文字的思想感情，使学生可以获得生活所需要的基本语文素养。生活语文课程要引导学生扩大生活经验范围，丰富语言积累，丰富形象思维，逐步发展抽象思维；要指导学生初步掌握学习语文的基本方法，养成良好的学习习惯，正确理解和运用祖国语言文字；使学生具备基本的倾听与说话能力、识字与写字能力，初步的阅读、写话能力；要重视提高学生的品德修养，使他们初步形成良好的个性和健全的人格。通过对生活语文课程的学习提高学生适应生活、适应社会的能力，培养学生健康的审美情趣。

2. 构建以生活为核心的开放而适性的语文课程

生活语文课程应着眼于学生的生活需要，按照学生的生活经验和生存需要，以生活为核心组织课程内容，注重语文知识与生活的联系，注重倾听与说话和书面语言学习的结合。在生活实践中要注重拓宽生活语文学习和运用的领域，注意课程的整合，既要注重现实生活的需求，又要注重社会发展的需要。要关注生活语文课程中丰富的人文内涵对学生的影响，要重视语文的熏陶、感染作用和正确的价值取向，选择适合的课程内容。生活语文课程应具有开放性，要尽可能满足不同地区、不同学校、不同学生的需求，要依据培智学校学生的能力和生活环境，充分利用一切教育资源、社区资源和现代化信息资源，实现课程的生活化、社会化、多元化。

3. 倡导感知、体验、参与的学习方式

生活语文课程应根据培智学校学生的特殊需要，在目标制定、教学过程、课程评价和教学资源的开发利用等方面突出以学生为本的理念，为学生通过感知、体验、参与等多种方式进行语言文字学习创造条件。语言的运用在生活中无处不在，应重视创设生活化情境，使学生能在真实的语言实践活动中感知语言、丰富体验，从而发展学生的语言运用能力。要关注学生的个体差异，通过情境化、个性化的语言学习体验活动，促进学生主动参与、积极体验、能动发展。

4. 注重潜能开发与功能改善相结合

生活语文课程应注重学生的潜能开发与功能改善有机结合，要特别关注学生的个体差异，高度重视不同程度、不同障碍类型学生学习语言文字的特点和学习需求，科学评估学生的特殊需要，根据个体的语言发展特点，通过多种方式开发潜能，将发展的可能性变为发展的现实性。既要注重引导学生学习适应生活、适应社会所需要的语文知识和语文技能，也要重视学生的功能改善，充分利用支持策略和辅助技术满足其特殊的学习需求，为学生健康发展、融入社会打下基础。

第二节 课程目标

一、总目标

培智学校生活语文课程总目标是提高学生适应生活的语文素养，培育热爱祖国语言文字的思想感情，在语文学习过程中培养学生热爱祖国、热爱人民、热爱中国共产党的情感，促进学生形成健康的审美情趣、积极的生活态度和正确的价值观；使学生能够掌握与其生活紧密相关的语文基础知识和技能，具有初步的听、说、读、写能力和社会交往能力；让学生可以养成良好的学习习惯，能在生活实践中学习和运用语文知识和技能，为其适应生活和社会打下基础。

二、学习领域目标

1. 倾听与说话

初步学会倾听、表达与交流。能听懂日常用语；能说普通话；能进行简单的日常会话和社会交往，养成文明的沟通习惯。

2. 识字与写字

热爱祖国语言文字。能认读和书写一定数量的常用汉字（如个人姓名、家庭住址、小区名、医院、车站站牌、超市、商场等公共场所常用文字）。

3. 阅读与诵读

具有初步的阅读能力。能阅读简单的应用文及个人资料；能阅读非连续性文本（如表格、说明书、时刻表、购物清单等），从中提取有价值的信息。具有初步的阅读兴趣。能阅读简单的绘本或儿童文学作品，累计阅读绘本或图书18本以上；能累计诵读或背诵儿歌、童谣、儿童诗、古诗18～50首。

4. 写话与习作

具有初步的写话和习作能力。能根据表达需要写一句话或几句话；能填写简单的表格和个人资料；能书写简单的应用文；初步养成用文字记录生活信息的习惯。

5. 综合性学习

能结合生活语文的学习，参与语言活动、文化生活，参与社区生活；能尝试用文字、图画、照片、现代媒体等多种方法呈现学习的过程与结果。

第三节　教学设计

1. 中国人

王燕玲

设计心语：第12课《中国人》选自培智学校义务教育阶段人教版《生活语文》二年级上册第五单元　国家与世界，它主要通过引导学生辨识中国地图、认读生字"中、人、我"、学习词语"中国、中国人"等教学安排自然渗透爱国主义教育，激发特殊学生热爱祖国的情感。根据课程安排，该主题分为3个课时讲授，本节为第1课时，教学目标是认识中国地图、认读词语"中国"、正确认识并书写生字"中"。根据学情，中国地图的"形"对于学生来说是比较抽象的概念，如何把抽象变为具象，是本节课的教学难点。在教学过程中通过听觉导入，激发学生兴趣；教师运用描一描、找一找、认一认等多种活动，多种器官感知帮助学生正确掌握中国地图的"形"，进而突破教学难点。整节课采用异质分组开展教学，通过动静结合、师生互动、生生互助等方式帮助各层学生在轻松、愉悦的氛围中完成本课的学习目标，同时满足不同层级学生的心理需求。

【课题名称】

中国人

【任教学科】

生活语文

【任教年级】

培智学校二年级

【任教课时】

第1课时（共3课时）

【教材版本】

培智学校义务教育阶段人教版

【教学目标】

采用异质分组开展教学，组别有苹果组、香蕉组、菠萝组。

1. 知识与技能

A层的学生能够听词语正确选出中国地图；能正确认读词语"中国"并书写生字"中"。

B层的学生能够在提示下听词语正确选出中国地图；能正确认读词语"中国"并在辅助下描红生字"中"。

C层的学生能够尝试配合教师与小组成员，参与课堂学习。

2. 过程与方法

通过创设情境，多感官教学激发学生学习的兴趣。

3. 情感与态度

通过本单元的学习，激发学生识字的兴趣，初步培养学生热爱祖国的情感。

【教学重点】

（1）能够听懂词语"中国"，正确选出中国地图。

（2）能够正确认读词语"中国"，并书写生字"中"。

【教学难点】

（1）正确辨识中国地图。

（2）书写生字"中"。

【教学准备】

希沃课件、中国地图、练习单等。

【教学过程】

（一）情境导入

播放升国旗场景视频，创设生动感人的教学情境，引出本节主题《中国人》。

板书：12. 中国人

任务说明：本节课有四个学习任务，每完成一个学习任务可以获得一颗五角星，顺利完成三个学习任务的小组，可以兑换神秘奖品（中国地图）。

（二）学习新知

任务一：我会听

1. 猜一猜

播放三种小动物（包括公鸡）的叫声，请学生猜一猜分别是什么动物；呈现动物图片，请学生模仿公鸡的叫声，激发学生的学习兴趣。

2. 描一描

分发公鸡图卡，请学生描一描公鸡的外形轮廓，找一找公鸡的外形轮廓与教室里的哪一个物品的轮廓相像。（提前在黑板上贴上中国地图）

3. 比一比

给每组学生分发中国地图小卡片，以小组为单位，通过摆一摆与比一比，引导学生发现中国地图与公鸡外形轮廓的相似之处，帮助学生进一步感知中国地图的形状。

4. 认一认

（1）出示中国地图及词语卡片"中国"，教师示范朗读词语"中国"。

（2）教师指名学生（A层）指认图片或朗读词语"中国"，纠正发音。

（3）小组练习——我读你听：在小组长（A层学生）的带领下小组成员相互听读，每组请一名学生展示（B层或C层学生）。（辅助教师记录学习情况并做好后续跟进）

（4）游戏1：我说你做

规则：发放中国地图图卡、国旗图卡、"中国"词语卡片，要求学生根据教师的口令，举起相应的卡片。

A层，听口令，独立正确举起相应的卡片；

B层，听口令，在提示下正确举起相应的卡片；

C层，听口令，配合辅助教师选出中国地图卡片。

（5）游戏2：拍拍手

规则：教师朗读含有"中国"的多个词语，要求学生在听到"中国"时拍手。教师朗读含有"中国"的短句，指名学生（A层学生）在听到"中国"时拍于。

短句如：我是中国人，我爱中国；中国是我的祖国。

评价：结合辅助教师的意见对小组进行评价（五角星奖励）。

任务二：我会读

1. 出示多媒体"中"，再次示范朗读"中"

提醒学生"中"的声母发翘舌音"zh"。

zhōng

中

2. 利用拼字卡片，认识"中"

出示含有独体字"口"的多张字卡，请学生观察并思考中国的"中"与以前学习过的哪个汉字相似；出示动画课件，演示生字"中"由两个部分构成（口——扁形口——加一竖变成"中"）；分发拼字卡片（扁形口与竖），以小组为单位拼一拼，读一读；开展多媒体（希沃）游戏，请学生把带有"中"字的苹果放入篮子里。

3. 组词

出示提示图片，引导学生用"中"字组词并用该词语说一句话。如：

中国：我的祖国是中国。

中文：中国的语言文字叫中文。

水中：这个小朋友正在水中玩耍。

中午：到了中午，我们要吃中饭了。

评价：结合辅助教师的意见对小组进行评价（五角星奖励）。

任务三：我会写

1. 出示多媒体书写视频

引导学生初步感知"中"的书写笔顺。（笔顺：竖、横折、横、竖）

2. 教师在黑板上示范书写，集体书空

3. 小组分层练习

A层学生：独立在练习纸上书写生字。

B层学生：在辅助下描红生字。

C层学生：在辅助下，用手指在蒙氏沙纸板上描写"中"。

要求A层学生完成练习后，辅助C层小组成员在蒙氏沙纸板上描写生字；每组请一名B层学生上台展示，A层学生评价。

评价：结合辅助教师的意见对小组进行评价（五角星奖励）。

（三）小结

播放中国地理视频，引导学生感受中国的大好山川，激发学生的爱国之情。

设计者简介

王燕玲，原深圳市大鹏新区大鹏第二小学特教班教师，现任葵涌中学资源教室特教教师；兼任大鹏新区特殊教育教研员，校先进工作者。

参与市、区、校多项课题研究，承担深圳市教育云资源平台建设及作品评审工作。2020年在广东省特殊教育数字资源征集活动中，数字资源（居家学习）作品《自制西瓜汁》（艺术休闲）被评为优秀资源；2021年获大鹏新区"融创杯"微课比赛特殊教育组一等奖；2022年获大鹏新区"我与特殊学生的教育教学故事"征文比赛一等奖。

2. 对韵歌

张晓珍

设计心语：《对韵歌》是摘取《声律启蒙》中的内容，句式整齐，合辙押韵，朗朗上口，背诵自如，便于学生理解。结合学生的特点，将重难点放在教会学生如何利用生活识字，激发学生识字的兴趣；对于韵文，学生能够在读的基础上，不断加强其语文核心素养以及加深对文字背后大自然生态保护的意识的了解。创设贯穿始终的生活情境，启发学生思考，直面生活；通过多形式的朗读，增强学生之间的互动和人际交往；环环不离识字，环环不离朗读，通过对从认读到生字，从语言到韵文的整体感知，不断提升学生学习兴趣，激发学生思维，丰富学生想象，挖掘学生潜能，这也是对学生逆向思维的培养。

【课题名称】

对韵歌

【任教学科】

生活语文

【任教年级】

培智学校三年级

【任教课时】

第1课时（共4课时）

【教材版本】

人教版培智学校生活语文三年级上册第四单元自然与社会

【教学目标】

认识并理解汉字"风"，书写汉字"风"；朗读对韵歌第一句：云对雨，雪对风。提升保护环境的意识。

【教学重点】

认识并理解汉字"风"；朗读对韵歌第一句：云对雨，雪对风。

【教学难点】

书写笔画"横斜钩"和汉字"风"。

【教学准备】

《对韵歌》希沃课件；自制《对韵歌》视频及配音（朗读和唱）；凹槽汉字（"风"）板两个；生活语文三年级上册教材及文具，小风扇三个，吹风机一个，风干机一台，丝巾一条。

【教学过程】

（一）现场创场景，激趣导入

1. 还原生活中的湿地板，请学生思考快速风干地面的办法

允许学生用嘴巴吹风、使用吹风机和风干机分别吹干地面，总结出最优解决办法。引出这就是"风"（此处已经明确字义）给我们带来的便利，今天我们要学习的"风"藏到了韵文里。

2. 出示课题板书——10.对韵歌

带读三遍题目，简单介绍对韵歌（又叫"对子歌"，格式整齐、音韵优美，朗朗上口，节奏鲜明）。

3. 播放自制《对韵歌》视频

教师在播放视频前提出疑问：在视频中，你看到了或者听到了什么？

（二）巩固象形字，初读课文

1. 云、雨、雪是美丽的大自然中的景色

依据学生回答——出示云、雨、雪等自然现象图片及象形字，通过第一句中出现的自然现象，引导学生按一定顺序观察图片，复习巩固生字。

2. 教师范读并出示完整课文

引导学生分析共三句话，"风"字藏在韵文第一句（动画隐去后面两句）。

3. 出示"风吹动树叶"的图片

引导学生发现"风"，除了有机械动力的风，还有自然的风（室外体验或室内跑动），告诉学生这也是"风"。

（三）集中巧识字，突破重难

1. 正字音

（1）教师在白板上出示并板书生字"风"

教师示范读三遍，强调后鼻音，学生分组读、逐一跟读，请A组同学一对一进行发音练习，B组同学照镜子看嘴型进行发音练习，C组同学感受教师发音时的鼻子和声带振动。

（2）耳听是风

听声音（fēng、fēn），请学生选出正确"风fēng"的读音。学生整体读。

2. 认字形

（1）"风筝有风"

教师利用希沃游戏中趣味归类，将风字"吹"（移动）到风筝上，让风筝飞起来（动画）。

（2）"风动有形"

教师提问："你们是怎么记住风字的呢？"在白板上用动画展示"窗帘被风吹动"，随后现场模拟，用丝巾和小风扇组合，演绎"风"的字形，教师顺势写下"风"，帮助学生在理解字义的基础上巧妙记忆"风"。

3. 写生字

（1）观看"风"字的书写视频，分步骤讲解

教师重点示范笔画"横斜钩"的书写，尝试用身体比画出"横斜钩"，并在黑板上示范书写，学生举起右手食指书空若干遍，跟说"风"的笔顺：撇、横斜钩、撇、点。C组在字卡上描写"风"字。

（2）"笔下生风"

辅助教师分发课本，在第76页进行书写：A组学生独立描写、抄写汉字；B组学生在教师辅助下描写汉字；C组学生粘贴、书空汉字。

（3）提醒姿势

请大家注意书写姿势和握笔姿势，做完的同学试着填一填课后习题。

（4）点评

利用手机传屏，教师及时点评学生作业，再次解决"风"的书写难点。鼓励学生互相点评，教师帮助查漏补缺。

（5）折纸游戏

两人一组，玩"东南西北"折纸游戏，A组在"云雨雪风"中补充完整"风"字，B组在教师辅助下写"风"字，C组在凹槽卡片上书写"风"字。

（6）"图中藏风"

在六幅图片（风车、风车、大风车、《追风筝的人》、叶的风力、保持室

内通风）中找出其他与生活息息相关的"风"，让学生在生活中学会观察和注意汉字。

（四）认读带阅读，律动成诵

1. 总结自然现象

将课文第一句中的自然现象以文字（云、雨、雪、风）对应，学生快速说出名称，教师总结这是四种自然现象。

2. 玩游戏"云雨雪风"

"云雨雪风"是由童年折纸"东南西北"游戏变换而来，学生两人一组，一人变换字词一人大声读出，三轮之后交换。充分调动学生进行多感官学习。练习过后齐读、分组读课文第一句：云对雨，雪对风。

3. "诵读成风"

教师示范读、指读、拍手读，鼓励学生多种形式流利诵读课文第一句：云对雨，雪对风。

4. 学生朗读课文

学生齐读，教师将图文贴至黑板，分组朗读。

5. 教师范读

回到课文，学生读课文第一句，教师读全文。

6. 观看视频

教师带领学生观看自制《对韵歌》视频，让学生感受良好的环境给我们带来的享受。教育学生在日常生活中要从小做起、从点滴做起爱护环境。

（五）家校齐来育，韵律常在

1. 总结

总结本课学习生字"风"和课文第一句。回家后预习课文后两句，说出写了哪些事物？

2. 作业

请大家回家后和爸爸妈妈一起读《声律启蒙》和《笠翁对韵》，共同感受韵律美。

　　张晓珍，广东省深圳市福田区竹香学校教师，大学本科，特殊教育专业，中小学一级教师，年级组长，广东省陈丽江名师工作室学员。曾获"福田区教育工作先进个人""福田区优秀中队辅导员"称号，在福田区"2020在线教学成果评比"活动中荣获小学组一等奖，福田区中小学班主任专业能力大赛小学组二等奖，特殊教育教师德育教学竞赛一等奖。

3. 自己去吧

刘园

　　设计心语：本课旨在告诉学生树立自主的思想，不依赖父母，自己学会生活的本领。这篇课文有两幅插图和两段写法基本相同的对话。插图充满童趣，对话简单但颇有教育意义。短文记述了小鸭、小鹰分别在妈妈的鼓励下，通过自己的努力学会了游泳和飞翔的故事。课文全文语言简朴，富有生活意味。让学生在细细感受童话魅力的同时，领悟到要从小树立自立自强的精神。

【课题名称】

自己去吧

【任教学科】

生活语文

【任教年级】

培智学校四年级

【任教课时】

第1课时（共3课时）

【教材版本】

部编本教材四年级上册

【教学目标】

1. 知识与技能目标

A组：认读生字"好、几"，词语"小鸭""自己""学会""游泳"。

B组：在教师和同伴的帮助下认读生字"好、几"，词语"小鸭""自己""学会""游泳"。

C组：认读（小鸭、鸭妈妈）图片和词卡，学说：小鸭游泳（参与学习活动）。

2. 阅读目标

通过小组合作、角色扮演等多种形式正确朗读课文。

3. 情感态度

教育学生懂得树立自学的思想，不依赖父母，自己学会生活的本领。

【教学重点】

认识字词，能够朗读课文。

【教学难点】

正确地朗读课文。

【教学准备】

多媒体课件、生字卡。

【教学过程】

（一）创设情境，激趣导入

1. 情境导入

小朋友，今天有两位新朋友来到了我们中间。看，是谁啊？（出示小鸭和鸭妈妈的图片）快跟它们打声招呼吧！

我们今天学习的课文《自己去吧》就是讲了它们俩的故事。

2. 板书课题《自己去吧》

教师指导学生读课题。询问谁会读，指名读后再齐读三次。

设计意图：从学生思维特点出发，用直观形象的图片展示故事主人公。用谈话方式导入，抓住学生爱听故事的心理，吸引学生的注意力。

（二）课堂新授

1. 微课学习，感知文意

教师：播放课文第一段的动画。

教师：提问学生。

（1）出现了谁和谁？

（2）鸭妈妈和小鸭在做什么？

（3）它们都说了什么呢？

2. 初读课文，圈点生字词

（1）教师范读课文

教师：下面老师读课文第一段，你们的小耳朵要仔细听。

（2）学生自读课文

教师：老师把课文读完了，你们想读这个故事吗？请同学们打开课本，试着自读课文，把不认识的生字新词用圆圈圈起来。

教师巡视，并收集学生勾出来的生字新词，把字卡上没有出现但学生圈出的不认识的生字书写在黑板上。

3. 出示字卡，识读生字词

教师：刚才老师看见同学们圈出的生字了，老师将它们写在了黑板上，我们一起读一读看看你会不会读!

教师:黑板上的字词都会读了,下面来挑战老师手中的字卡,出示字卡"好、几""小鸭、自己、游泳"……

设计意图:生字教学活动不能仅凭机械的范读、教读、跟读,而应借助各种形式的活动为学生创设学习生字的平台,实现生字不同形式的复现。

4. 游戏互动,扫除读句障碍

教师:同学们确定字词都会读了吗?

教师:下面我们一起来玩个游戏——放气球(讲清游戏规则:先正确地朗读气球上的生字和词语,再用手指点击气球,气球就会成功飞走;演示放气球的方法。请3位学生上来"放气球",选择两个念出来)。

设计意图:生字教学结合活动和游戏来进行,在识字中阅读,在阅读中识字。

5. 多元朗读,扫除读段障碍

教师:出示第一段。

小鸭说:"妈妈,您带我去游泳好吗?"

鸭妈妈说:"小溪的水不深,自己去游吧。"

过了几天,小鸭学会了游泳。

教师引导学生:气球把生字带到那里去了呢?在句子中找出生字、新词,再读一读。

教师教学生读句子(段)。

抽学生试读句子(段)。

分组、分角色读(3对,A组带B组)。

全班齐读第一段(在朗读过程中模仿小鸭的动作,为B组学生提供口语策略,引导学生模仿孩子和妈妈的对话)。

设计意图:通过各种形式的读(自读、指名读、合作读、分角色读)体味课文语言,让学生感受小鸭不依赖父母,自己学会生活本领的故事。

(三)课堂小结

1. 总结本节课所学内容,复习字卡上的生字词

课文第一段讲了小鸭通过自己勇敢的尝试,学会了游泳的故事。

2. 布置课后练习，请学生拿字卡相互读生字词

设计意图：多次巩固，强化学生的记忆，增强学生归纳总结的能力。

设计者简介

刘园，龙华区润泽学校教师，擅长"小步子"教学方法与个别化教学方法。他能联系生活实际，让学生在"做中学"和"学中做"，在多类教育教学比赛中收获省、区级奖项。

4. 贺卡

褚姝颖

设计心语：《贺卡》选自人教版培智学校义务教育实验教科书《生活语文》五年级下册教材中的识字单元第二课。在多媒体技术的支持下，从教材和实际生活的需要出发，在学生已经能够仿写一句话的前提下，让学生能学习并了解了贺卡这一常用文本的书写格式，掌握书写要求，并能够运用所学知识进行书写，在生活中实际使用贺卡为他人送去祝福。

【课题名称】

贺卡

【任教学科】

生活语文

【任教年级】

培智学校五年级

【任教课时】

第3课时（共4课时）

【教材版本】

培智学校义务实验教科书生活数学二年级上册

【教学目标】

本课以班级学生与乐乐一同进行学习活动为教学背景，学生通过乐乐与同学间的对话来认识"贺卡"并学习"如何书写贺卡"。学生从了解贺卡的各个组成部分到掌握贺卡写作的要求，进而到能够自己仿写一张贺卡，学习难度逐步提高。

以教学内容为基础，结合学生实际，特设置如下分层教学目标。

A层：掌握贺卡各部分的书写要求；能按照正确格式仿写贺卡；培养学生对写话的兴趣，愿意写话。

B层：了解贺卡各部分的书写要求；能在教师的提示下仿写贺卡；培养学生对写话的兴趣。

C层：知道贺卡各部分的书写要求；能在教师帮助下描写贺卡；培养学生对写话的兴趣。

【教学重点】

掌握贺卡的书写要求。

【教学难点】

能按照正确格式仿写贺卡。

【教学准备】

希沃白板及课件、学生学习任务单（分层）、贺卡。

【教学过程】

（一）准备活动，复习导入

课件展示学习情境以及进行复习练习，请学生回忆之前所学内容并完成练习，引出课题《贺卡》。

板书：8.贺卡

（二）发展活动，知识新授

1. 情境创设，了解学习内容

教师使用课件播放一段乐乐和天天的对话视频，引出今天的课程背景是与乐乐一起帮助天天书写一张给爸爸的生日贺卡。

2. 深入情境，学习贺卡书写

（1）书写第一部分

教师出示一张空白贺卡，通过"最先写什么""写在哪里""如何书写"三个问题，引导学生回忆课文（贺卡的第一行顶格写上称呼，并在称呼后加上冒号），并结合写作背景（天天写给爸爸的生日贺卡），跟随教师总结贺卡书写第一部分的要求，并通过动画进行书写展示。根据学生学情，本环节对学生要求如下。

A层学生：自主根据课文内容，总结书写要求。

B层学生：在教师语言提示下，总结书写要求。

C层学生：复述教师列出的书写要求。

（2）书写第二部分

教师组织过渡，通过"然后写什么""写在哪里""如何书写"三个问题，引导学生回忆课文（另起一行空两格写上祝福语），并结合贺卡类型（生日贺卡），跟随教师总结贺卡书写第二部分的要求，并通过动画进行书写展示。根据学生学情，本环节对学生要求如下。

A层学生：自主根据课文内容，总结书写要求。

B层学生：在教师语言提示下，总结书写要求。

C层学生：复述教师列出的书写要求。

（3）书写第三部分

教师组织过渡，通过"最后写什么""写在哪里""如何书写"三个问题，引导学生回忆课文（在贺卡的右下角写上自己的名字和日期），并结合写作背景（帮助天天写贺卡），跟随教师总结贺卡书写第三部分的要求，并通过动画进行书写展示。根据学生学情，本环节对学生要求如下。

A层学生：自主根据课文内容，总结书写要求。

B层学生：在教师语言提示下，总结书写要求。

C层学生：复述教师列出的书写要求。

3. 学以致用，尝试书写

（1）总结要求

教师通过课件出示思维导图，与学生一同总结贺卡书写要求。

（2）尝试书写

教师组织情境过渡——贝贝的生日就要到了，请同学们根据贺卡书写的要求，帮助乐乐为贝贝写一张生日贺卡。根据学生学情，本环节对学生的要求如下。

A层学生：独立进行贺卡仿写。

B层学生：在文字提示、口语提示下，完成贺卡仿写。

C层学生：在教师帮助下完成贺卡描写。

（3）书写小结

教师在学生书写的贺卡的基础上进行书写总结，并带领学生再一次共同完成贺卡书写并总结书写要求。

（三）总结活动，拓展延伸

1. 课堂小结，布置作业

教师总结：在今天的课堂里我们一起帮助天天完成了送给爸爸的生日贺卡，知道了在写贺卡时可以将贺卡的内容分为三个部分来书写，我相信这节课同学们都收获满满！小小的贺卡传递的是浓浓的情谊，老师希望大家都能学会写贺卡，在生日或其他节日时可以利用今天学习到的知识写一张贺卡向自己的家人、同学或朋友表示祝贺。

布置作业：小小的生日就要到了，请同学们写一张贺卡向她表示祝贺。

2. 组织下课

下课，起立，同学们再见。

设计者简介

褶姝颖，深圳市第二特殊教育学校教师，2021年毕业于南京特殊教育师范学院。任教生活语文、西式面点课程，同时担任高一（2）班辅管教师。参与多项省、市级课题，2021年获深圳市中小学教师微课大赛三等奖。

第二章

生活数学

数学是研究数量关系和空间形式的科学，也是人类文化的重要组成部分。数学素养是现代社会每个公民应该具备的基本素养。生活数学课程是培智学校的一般性课程，是培智学校义务教育课程体系的重要组成部分。生活数学课程的内容主要包括培智学校学生（以下简称"学生"）能够掌握的、必需的、和生活密切相关的基本的数学知识和技能。生活数学课程是促进学生思维发展、进行知识学习和形成生活技能的重要工具。

第一节　性质理念

一、课程性质

生活数学课程是培智学校义务教育阶段的一般性课程，具有基础性、普及性、发展性、实用性和可接受性。生活数学课程的学习能帮助学生掌握必备的数学基础知识和基本技能，培养学生初步的思维能力，促进学生在情感、态度与价值观等方面的发展，为学生适应生活、适应社会奠定重要的基础。

二、课程理念

1. 培智学校生活数学课程的设计致力于实现义务教育阶段培智学校的培养目标

培智学校生活数学课程既要面向全体学生，也要满足学生的个别化需求，最大限度地提高他们的学习能力，使得学生都能受到适合自己的数学教育，不同学习能力的学生可以在数学上得到不同程度的发展。

2. 培智学校生活数学课程内容既要反映社会发展的需要，考虑培智学校义务教育生活数学课程标准（2016年版）本身的特点，又要符合特殊教育的基本规律和特点，遵循学生身心发展规律

培智学校生活数学课程不仅要包括数学的结果，也要包括数学结果的形成过程和其中蕴含的数学思想方法。课程内容的选择应贴近学生的生活实际，更有利于学生体验、理解、思考。课程内容的组织要重视过程，处理好过程与结果的关系；要重视直观，处理好直观与抽象的关系；要重视直接经验，处理好直接经验与间接经验的关系。课程内容的呈现应注意层次性和多样性，以满足不同学习能力学生的学习需求。

3. 教学活动是师生积极参与、交往互动、共同发展的过程

教师要发挥主导作用，成为学生数学学习活动的组织者、引导者与合作者。数学教学活动应充分采用多感官并用的教学方法，激发学生兴趣，调动学生积极性，启发学生思考，引导学生自主学习，鼓励学生合作交流，使学生能够真正理解和掌握基本的数学知识与技能，获得基本的数学活动经验。教师活动应以学生的认知发展水平和已有的知识经验为基础，面向全体学生，注重启发式教育和因材施教。教师要针对学生的学习特点，整合教育资源，采取有效的沟通手段和多元的教学方法，实施分层分类教学，创造条件开展个别化教学，给学生提供充分进行数学学习活动的机会，最大限度地满足学生个体发展的需要。学生的学习活动应当是一个生动活泼的、主动的和富有个性的过程。认真听讲、积极思考、动手操作、自主探索、合作交流等都是学习数学的重要方式。

4. 培智学校生活数学学习评价的主要目的是全面了解学生数学学习的过程和结果，激励学生学习，改进教师教学方式

按照个别化教育计划，有效实施差异性评价，建立目标多元、方法多样的评价体系。评价既要关注学生学习的结果，也要重视学生学习的过程；既要关注学生数学学习的水平，也要重视学生在数学学习活动中所表现出来的情感态度以及学生语言表达能力和沟通交往能力的发展，帮助学生认识自我、建立信心。

5. 信息技术的发展对数学教育的价值、目标、内容以及教学方式产生了很大的影响

培智学校生活数学课程的设计与实施须根据实际情况合理地运用现代信息技术，要注意信息技术与课程内容的整合，注重实效。要充分考虑信息技术对数学学习内容和方式的影响，开发并向学生提供丰富的学习资源，把现代信息技术、教具学具作为学生学习数学和解决问题的有力工具，有效地改进教与学的方式，使学生乐意并有可能投入现实的数学活动。

第二节　课程目标

总目标：通过培智学校义务教育阶段的生活数学学习，学生能有以下收获。

（1）获得适应社会生活和进一步发展所必需的数学基础知识、基本技能、基本思想和基本活动经验。

（2）体会数学与数学知识之间、数学与其他学科之间和数学与生活之间的联系，运用数学的思维方式进行思考，增强解决日常生活中简单的数学问题的能力。

（3）了解数学的价值，培养学习数学的兴趣，增强在生活中运用数学知识的信心，养成良好的学习习惯，具有一定的科学意识。

总目标包括以下四个部分。

知识技能	● 经历从日常生活中认识常见的量的过程，掌握常见的量的基础知识和基本技能 ● 通过点数物体的个数，能说出总数，按数取物，掌握计数原则 ● 经历数的抽象、运算等过程，掌握数的基本概念和基本运算 ● 经历图形的抽象、分类、位置确定等过程，掌握图形与几何的基础知识和基本技能 ● 经历在实际问题中收集和处理数据、利用数据分析问题、获取信息的过程，掌握统计的基础知识和基本技能 ● 参与综合实践活动，积累综合运用数学知识、技能和方法等解决简单问题的数学活动经验
数学思考	● 初步建立常见的量的概念，感受常见的量在生活中的作用 ● 初步建立数感、符号意识，初步形成运算能力，发展形象思维与抽象思维 ● 初步建立空间观念，培养几何直观的能力 ● 初步发展数据分析观念，感受数据中蕴含的信息 ● 参与观察、综合实践等数学活动，初步发展思维能力，能够表达自己的想法

续 表

问题解决	● 初步运用已有的数学知识与数学活动经验解决简单的实际问题，增强应用意识 ● 初步获得分析问题和解决问题的一些基本方法，体验解决问题方法的多样性 ● 学会与他人合作交流
情感态度	● 积极参与数学活动，对数学感兴趣 ● 体验获得成功的乐趣，建立数学学习的自信心 ● 体会数学的特点，了解数学在生活中的价值 ● 养成独自思考、合作交流的学习习惯

　　总目标的这四个方面，是一个密切联系、相互交融的有机整体。在课程设计和教学活动组织中，应同时兼顾这四个方面的目标。这些目标的整体实现，对学生的全面、持续以及和谐发展有着重要的意义。数学思考、问题解决和情感态度的发展离不开知识技能的学习，知识技能的学习必须有利于其他三个目标的实现。

第三节　教学设计

1. 生活中的数字

曾子豪

设计心语：数是生活的基本元素，认识数字是走进数学殿堂的关键一步。人教版培智学校义务教育实验教科书《生活数学》低年段通过多个课题的设计，带领学生分别认识了数字1~9，通过各节课"练一练"环节让学生找一找、圈一圈生活中的数字，但并无单设一节课来统整数字在生活中的运用。为帮助学生灵活运用该知识点，体验学数字、用数字的乐趣，感受数学与生活的联系，体会数学的活力和价值，特把相关内容整合成本课——《生活中的数字》。

【课题名称】

生活中的数字

【任教学科】

生活数学

【任教年级】

培智学校二年级

【任教课时】

第5课时（共5课时）

【教材版本】

培智学校义务实验教科书生活数学二年级上册

【教学目标】

本课以班级主题活动"参观动物园"为教学背景，为了筹备班级主题活动，学生需要通过售卖机买零食、快递柜取快递、记车牌三个教学活动进行学习，学习难度逐步提高，从1个数字的认、读到4个数字的认、读，再到6个数字的认、读、写，将教学内容与信息技术深度融合，设置如下教学目标。

（1）在生活情境中发现数字，认、读、写数字1~9；

（2）初步运用数字解决简单的实际问题，增强应用能力；

（3）体会数字在生活中的意义，培养学生的观察和模仿能力。

并根据学生情况设置如下分层目标。

A层：掌握按顺序读数字和记录数字的方法，能在生活中运用数字解决简单的实际问题。

B层：能在生活场景中，发现数字，在乱序中认、读数字1~9。

C层：认、读数字1~9，能参与使用数字解决实际问题的活动，感受数学与生活之间的联系。

【教学重点】

在生活情境中，认、读、写数字1~9。

【教学难点】

运用数字1～9，解决生活中简单的实际问题。

【教学准备】

希沃白板及课件、学生信息卡（分三种难度）、纸质车牌号。

【教学过程】

（一）趣味导入，复习数字

1. 儿歌导入，引出课题

教师播放《写数字歌》，请学生找到儿歌里的数字，引出课题《生活中的数字》。

板书：生活中的数字。

2. 复习数字1～9

课件展示自助售卖机，使用放大镜功能聚焦按钮上的数字，使数字单个呈现，引导学生观察、发现自助售卖机上的数字，组织提问，请学生认一认、说一说是数字几。（提问环节，先请C组学生认读，最后全班快速抢答）

（二）灵活运用，使用数字

1. 使用自助售卖机

教师引入情境，介绍本月主题活动——"参观动物园"，需使用自助售卖机购买零食。操作课件，智能语音说出自助售卖机的使用方法，围绕"你想要几号商品"，先提问学生"你想要几号商品"，再让全班写下与想要的商品对应的数字，最后全班排队说一说、点一点，模拟购买商品。根据学生能力情况，本环节设计以下三种活动要求。

A组：表达"我想要×号商品"，并找到对应按钮，完成操作。

B组：简单说出×号或商品名，并找到对应按钮，完成操作。

C组：指出或说出想要的商品名，引导学生说出对应的数字，完成操作。

2. 智能快递柜，发现取件码

教师组织情境过渡，为了主题活动，教师也在网上购买了三件商品，需至快递柜取件。课件展示快递柜和手机短信，引导学生发现取件码。课件展示手机中含有取件码的短信，学生观察短信，发现并读出由四个数字组成的取件码。

3. 使用取件码，打开快递柜

教师通过课件展示三组难易不同的取件码，使用可移动的磁贴板书记录学生读出的取件码，引导学生在课件上模拟输入取件码，完成后对照板书检查是否输入正确，读一读，检查无误后取出快递，可操作课件拆开快递。

（①取件码1122　②取件码1338　③取件码4796）

（三）增加组合，记录数字

1. 找到快递盒，介绍信息卡

学生拆开第三个快递盒时快递盒突然从课件中飞走，教师在教室里意外发现第三个快递盒，拆开快递发现"信息卡"，教师介绍信息卡的作用——保障外出安全，预告下一个教学活动：完善卡内信息，记录车牌号。

2. 完善信息卡，记录车牌号

教学情境设置三位家长分别开车送学生去动物园，请学生观察不同汽车的车牌号，读一读，课件展示三种车牌号，分为三个难度，根据学生能力安排车辆，记录车牌号。

每个车牌展示后，课件呈现对应信息卡的书写示范，课件动画提示书写顺序，教师示范第一张信息卡，后面两张请学生完成，具体示范要求如下。

车牌号11333：为C组学生练习，完成描红，课件按车牌号数字顺序逐一标红、语音提示，教师结合课件，按照顺序示范并指导学生完成数字描红。

车牌号885566：为B组学生练习，课件标红、语音提示，教师带领学生书写第一组数字（856），请学生尝试独立写第二组数字。

车牌号238174：为A组学生练习，请学生根据课件提示，独立将车牌号填写。

3. 发放信息卡，记录车牌号

教师发放信息卡，请学生补充卡内车牌号，根据学生能力情况，设计三款信息卡，具体内容及要求如下。

A组：发纸质车牌号，学生独立将车牌号按顺序填入信息卡。

B组：发纸质车牌号，教师辅助逐一指点数字，学生仿写，将车牌号填入信息卡。

C组：教师辅助学生完成描红，边写边读。

4. 及时反馈，展示评价

教师使用手机拍下学生信息卡，通过希沃展示功能，展示学生信息卡，请小老师检查同学写的车牌号是否正确，对同学表现进行点评、表扬。

（四）总结回顾，课后延伸

1. 课堂小结，布置作业

教师总结：生活中有好多数字，同学们学会数字就可以解决生活中好多的问题，请同学们课后观察哪里还有数字。

布置作业：请和爸爸妈妈一起填写信息卡中的电话号码。

2. 组织下课

下课起立，同学们再见。

设计者简介

曾子豪，深圳市福田区竹香学校教育科研中心干事，福田区教育工作先进个人，福田区"续航工程"教坛新秀培养对象。

他所执教的融合教学案例在全国教师教育教学信息化交流活动中评为研讨作品；参与多项省、市级课题研究，一项省级精品课程建设；代表深圳市培智学校报送广东省教育厅2022年"特殊教育教师教学基本功展示和融合教育优秀教育教学案例遴选"，获深圳市特殊教育教师基本功大赛二等奖，福田区中小学班主任专业能力大赛特等奖，并在多类教育教学比赛中收获省、市、区级奖项。

2. 认识6

赵艳梅

设计心语：教师通过播放数字歌曲吸引学生的注意力，调动学生的学习积极性。动画儿歌的播放不仅引出了课题，还复习了之前学过的知识，为学习数字"6"做好了铺垫。本课是二年级生活数学的起始课，教师先让学生认读数字6，再逐渐由点数具体实物过渡到图片再过渡到抽象的点子图，教学难度由浅到深，层层递进，逐步引导学生形成数的概念。在教学过程中，教师应充分利用学生的生活经验，在教学中注重与生活的联系，教学时融入了生活中的情境。

【课题名称】

认识6

【任教学科】

生活数学

【任教年级】

培智学校二年级上册

【任教课时】

第1课时

【教材版本】

培智学校义务教育实验教科书二年级上册

【教学目标】

根据学生的能力将学生分为A、B两组，制定以下教学目标。

A组：学生知道数量是6的物品个数能用数字"6"表示，学会认读数字"6"。学生能够在数数的时候，手口一致地按顺序点数。学生能够感受到数学与生活的紧密联系，愉快地参与课堂活动。

B组：在老师的指导下，学生能认识数字"6"。学生能够尝试在数数的时候，手口一致地按顺序点读。学生能够愉快地参与课堂活动。

【教学重点】

学生会读数字"6"，能够在数数的时候，手口一致地按顺序点数。

【教学难点】

学生能理解数字"6"的含义，知道数到"6"就表示有6个。

【教学准备】

希沃课件、数字卡片、小棒、点子图、数字卡片、奖励物。

【教学过程】

（一）组织课堂

师生问好，强调课堂纪律，组织学生进入课堂。

（二）导入

1. 手指操（播放数字儿歌）

1，1，点点；2，2，剪剪；

3，3，弯弯；4，4，插插；

5，5，一朵花；6，6，打电话。

2. 学生跟着视频一起做

（三）新授

1. 认识数字"6"的字形

教师："同学们，有没有发现这位新朋友是谁？"

引出课题：认识6。

引导学生观察，说出6像哨子。

2. 认读数字"6"

（1）读一读

教师出示数字"6"的卡片，指导学生读一读，先带领学生集体读，再请个别学生读、依次读。

（2）找一找

教师："数字'6'在我们的生活中很常见，让我们一起把它们找出来吧！"

① 6路公交车的数字"6"。

② 车牌号上的数字"6"。

③ 电梯按键的数字"6"。

④ 教室里的数字"6"。

（3）玩游戏

① 低难度（B组）

只出现数字1和6，这两个数字的差别较大，更利于学生辨别。

② 高难度（A组）

出示学过的所有数字，让学生从数字中找出数字"6"。

3. 数一数

（1）数实物。提醒学生：数数的时候要手口一致地按顺序点读。

（2）数图片。提醒学生：数数的时候要手口一致地按顺序点读。

（3）数点子图。提醒学生：数数的时候要手口一致地按顺序点读。

（4）找出6根小棒。学生动手操作，从筐子里数出6根小棒。

提醒学生：数数的时候要手口一致地按顺序点读。

（四）生活应用

1. 购物

（1）买6包薯片。（2）买6罐饼干。

2. 抽奖

学生每人抽出一个数字饼干，要求学生正确地说出自己抽出的数字，回答正确的可以将饼干吃掉。

（五）课堂小结

教师："今天我们认识了数字6，在我们的生活中还有很多数量是6的物品等着我们去发现。"

（六）课后作业

（1）找一找生活中的数字6。

（2）数一数生活中物品的个数。

（七）板书设计

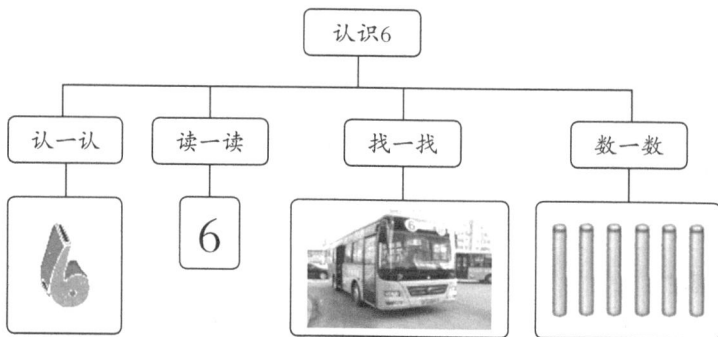

设计者简介

赵艳梅，广东省河源市博爱学校特殊教育一级教师。她的教学课例多次获得省级、市级奖项。班主任工作也卓有成效，被评为"河源市市直教育系统优秀班主任"，她所带的班级多次被评为"学雷锋先进班级""优秀班集体""最美教室"。她积极参与了"聋校低年级语文'医教结合强化口语说写并举'教学实践研究"等课题研究，所参与编制的校本教材《沟通与交往》荣获2020年广东省特殊教育教学成果奖。

3. 我们去野生动物园

韩梦雪

　　设计心语：在教学得数是6的加法时，教学难点是学生如何理解加法的含义，让学生学会看一幅图列两道加法算式，并根据自身能力掌握不同的计算方法。因此，在学习完6的组成以及所有得数是6的加法算式后，结合学生去深圳市野生动物园进行社会实践的经历，设计了本课《我们去野生动物园》，对得数是6的加法的相关知识进行整体巩固和难点突破。

【课题名称】

我们去野生动物园

【任教学科】

生活数学

【任教年级】

培智学校三年级

【任教课时】

第4课时（共4课时）

【教材版本】

培智学校义务实验教科书生活数学三年级上册

【教学目标】

1. 知识技能

A层：能够独立根据情境图列加法算式，进行得数是6的加法运算。

B层：能够在教师引导下根据情境图列加法算式，通过数的组成进行得数是6的加法运算。

C层：尝试通过点数得出总数，完成算式与和的匹配。

2. 数学思考

A层：能结合具体的生活情境积极思考，会与同伴交流自己的观点。

B层：能在教师的引导下思考问题，尝试表达自己的想法。

C层：能够通过指图片的方式表达自己的想法。

3. 问题解决

A层：能够运用所学知识解决生活中的问题。

B层：能够在教师的引导下运用所学知识解决生活中的问题。

C层：能够在教师的引导下运用所学知识，解决课堂上的问题。

4. 情感态度

A层：能感受到数学就在生活中，激发学习的兴趣，体会成功的喜悦。

B层：能感受到参与数学学习活动的乐趣。

C层：能参与课堂活动，提高学习热情。

【教学重点】

看情境图列加法算式，进行得数是6的加法运算。

【教学难点】

看情境图列加法算式。

【教学准备】

希沃白板、课件及图卡。

【教学过程】

（一）课堂常规训练

1. 规范学生坐姿

帮助个别学生调整坐姿，保证学生全部坐好。

2. 起立问好规范

师生问好，要强调快静齐。

3. 点名答到

教师逐个点名，要求学生举手答到，对于能够回应的学生进行表扬和鼓励，并给予每个人一个笑脸。

4. 介绍日期、天气

板书：昨天、今天、明天

（二）儿歌导入，复习回顾

带领学生跟着音乐，唱读6的组成；带领学生指、读得数是6的加法算式。

根据学生的唱、读情况，进行讲解和回顾。

（三）观光游览，看图列式

1. 第一站：野象谷——看图列算式1+5=6、5+1=6

展示深圳野生动物园照片，带领学生进入教学情境。出示深圳野生动物园地图，点击课件上的地标小旗，进入第一站野象谷，播放大象的叫声，吸引学生注意力。

点击课件，出示大象遇到的问题："原来大象朋友们不知道一共有多少伙伴，大象们站在了两边，同学们的左手边有1头，右手边有5头，那么一共有几头大象呢？（边说边点课件）请同学们帮帮它数一数，算一算？"

A组学生独立进行列式计算：1+5=6、5+1=6。

B组学生在引导下列出算式，尝试用数的组成得出总数。

C组学生逐一点数得出总数。

（在黑板上贴出图片，板书算式1+5=6、5+1=6）

2. 第二站：企鹅岛——看图列算式2+4=6、4+2=6

点击课件上的地标小旗，进入第二站企鹅岛。

播放小企鹅游泳的视频，放松课堂气氛，调节学生状态。

点击课件，出示企鹅遇到的问题："企鹅宝宝游完泳后，要排队回家，有2只还在水里，4只在岸边，企鹅妈妈不知道一共有多少只小企鹅。（边说边点课件）请同学们帮助它数一数，算一算？"

A组学生独立进行列式计算：2+4=6、4+2=6。

B组学生在引导下列出算式，尝试用数的组成得出总数。

C组学生逐一点数得出总数。

（在黑板上贴出图片，板书算式2+4=6、4+2=6）

3. 第三站：猴子村——看图列算式3+3=6

点击课件上的地标小旗，进入第三站猴子村。

播放小猴子在树枝间跳跃的视频，吸引学生的注意力，引出问题。

点击课件，出示猴子妈妈遇到的问题："小猴子到处乱跑，有3只在树上，有3只在草地上，猴子妈妈不知道一共有多少只小猴子。（边说边点课件）请同学们帮助它数一数，算一算？"

A组学生独立进行列式计算：3+3=6。

B组学生在引导下列出算式，尝试用数的组成得出总数。

C组学生逐一点数得出总数。

（在黑板上贴出图片，板书算式3+3=6）

4. 游玩结束，齐读算式

带领学生齐读5个加法算式。

（四）技能巩固，练习提升

1. 看图列式

A组学生看图说出式子，教师点击图片出示答案。

2. 分层练习

利用希沃白板的课堂活动，分层设计3个不同难度的练习题。

（1）分类活动（C组）

活动背景设置为超市购物，有两个购物车，左边车上写着1+3=4，右边车上写着1+5=6，请学生将数量是4的物品放在左边的购物车里，将数量是6的物品放在右边的购物车里。

（2）配对练习（B组）

购物篮上贴有算式（无得数），请学生算出得数，再把篮子放到对应数量的物品旁。

（3）分组竞争（A组）

请A组学生两两一组进行比赛，需要学生看到算式后，快速地算出得数，然后点击得数是6的式子，获得分数。

（五）课堂总结，家庭活动

1. 课堂小结

教师总结本节课知识点和学生的课堂表现，进行表扬和奖励。

2. 布置家庭活动

请家长在带领学生去购物或者出去玩的时候，结合情境练习得数是6的加法。

3. 组织下课

下课，起立，同学们再见！

设计者简介

韩梦雪，深圳市龙华区润泽学校教师，中国共产党深圳市龙华区第二次代表大会代表，曾被评为龙华区教育系统优秀共产党员。

她主持或参与多项市、区级课题研究；曾获2019年龙华区首届特殊教育教师教学能力比赛二等奖，连续两年获得龙华区中小学教育信息技术节教师信息技术与融合论文评选一、二等奖；积极进行教学创新，曾获深圳市优秀自制教具评比三等奖，撰写的论文曾获广东省2019年中小学综合实践活动课程展示交流活动优秀作品。

4.使用计算器点菜和计算价格（连加）

王子纯

设计心语："点餐"是学生日常生活中常见的活动，是生活和社交所需的技能之一。本节课以"点餐"这一主题为依托，教学生使用计算器计算价格。这一过程既包括"点餐"这一生活化技能的内容，也包括"计算"这一数学知识的运用。素材上选择学生最熟悉的教师和同学作为主人翁，提高学生积极性。设计不同难度的故事任务，灵活分组参与课堂活动。在符合学生能力和兴趣的基础上，贴近生活，促进知识迁移，帮助学生体会数学与生活之间的连接，并运用所学内容解决日常生活中简单的问题。这是一堂高度"生活化"的生活数学课堂。

【课题名称】

使用计算器点菜和计算价格（连加）

【任教学科】

生活数学

【任教年级】

培智学校七年级

【任教课时】

第1课时（共2课时）

【教材版本】

《培智学校义务教育生活数学课程标准（2016年版）》、浙江科学技术出

版社《培智学校支持性教育教材快乐生活七年级下（第14册）》

【教学目标】

本课以主题故事"游玩龙苑美食街"为教学背景，以学生熟悉的班级教师和同学为故事主人翁，通过观赏美食激发学生兴趣，使学生自主地加入课堂活动，参与"点餐、找价格、列算式和计算"的过程。活动内容从易到难，从两个菜品价格的计算拓展到多个价格（数字）的连加计算。本课将教学内容与学生日常生活高度结合，融合信息技术，更好地将课堂知识迁移到实际运用之中。本课设置以下教学目标。

1. 知识与技能

学会点餐步骤，掌握计算价格的三个关键步骤并计算正确答案。

2. 过程与方法

参与点餐过程，根据菜名或者食物图片在菜单中找到对应价格。

3. 情感态度与价值观

感受数学在生活中的运用，提高学生使用数学方法解决生活中问题的能力。

根据班级学生分为三层目标。

A层：达到以上教学目标并迁移到生活实际中运用，根据要求计算多个（3个及以上）菜品的价格。

B层：在语言提示下达到以上教学目标，能够根据要求计算三个菜品价格。

C层：参与点餐过程，在辅助下使用计算器计算两个菜品价格的总价。

【教学重点】

理解并实践"点餐算价格"的过程——"找""加""算"。自主点餐并使用计算器计算价格。

【教学难点】

理解点餐后出现"连加算式"，列算式并计算。

【教学准备】

希沃白板课件、课堂点餐任务卡（分三种难度）、计算器、文具。

【教学过程】

（一）复习引入

1. 复习

计算器的组成和使用方法

2. 引入

龙苑美食街开张了！邀请七（1）班全体同学参加，一起游玩吃饭！

（二）新授

1. 如何点菜？——王老师游玩美食街

（1）呈现龙苑美食街

（2）认识菜单

"王老师肚子饿了，于是拿到菜单准备点菜。"带领学生认识菜单。

（3）点餐和计算的过程

① 找价格——菜品对应价格（步骤关键字："找"）。

"王老师想吃这些美食，请你在菜单上找到这些菜品，说出他的名字，并找到它们多少钱？"将菜品和价格上下对应，为学生视觉上呈现一一对应关系。讲解知识点："第一步，要找到自己或者别人想吃的东西价格。我们把这一步叫'找'。"

[贴板书]"1. 找到菜品对应价格" [写板书]"找"

② 找关系列算式（步骤关键字："加"）。

a. 找到数字的运算关系。提示学生寻找关键词"一共"，背口诀"一共一共加加加"。

[贴板书]"2. '一共一共加加加'"

b. 列算式。引导学生说出"使用+号把数字连起来"。

[贴板书]"3. 用'+'把菜价连起来列算式" [写板书]"加"（2和3合并为"加"）

c. 使用计算器（步骤关键字："算"）。教师给学生语音提示，让学生快速手动操作计算器，按出正确答案。

［写板书］"4.使用计算器：从左往右计算"［写板书］"算"

（4）总结

我们一共有三个步骤：找、加、算。

2. 小练习

（1）谢老师游玩美食街

让A、B层学生体验自己"找""加""算"的过程。设计希沃小练习。

（2）三位学生游玩美食街

参与游玩的三位学生为B、C层。教师为其找价格和找运算关系关键词的过程提供辅助，让学生体验"找""加""算"的过程。其他学生在座位上口头参与回答。

3. 多个数字的加法计算（连加）

（1）四位学生一起去餐厅吃饭（每人点一个菜）

选七（1）班四位学生，一起去餐厅吃饭。

教师拓展："生活中会有很多人一起去吃饭，那么我们应该怎样计算价格呢？"随机邀请四位学生上台点菜（拖动菜品），每人选一个菜。强调"找""加""算"的过程。

①找。找到菜品对应价格，价格和菜品放置的位置一一对应。

②加。背口诀，确定运算关系为加法。教师拓展提问："之前学过两个数字的加法，现在有这么多价格怎么加呢？"在学生思考回答后，拓展知识点："列算式时用多个+号连接数字形成长算式，称为'连加'。"

③算。"和之前一样，从左往右加起来，看到哪个数字就按哪个数字。"

（2）三位学生一起去餐厅吃饭（每人点菜数量不同）

选七（1）班三位学生，一起去餐厅吃饭。邀请这三位学生上台点菜（拖动菜品），前两位（固定学生）每人选2个菜，第三位（不固定的学生）选1个菜。重复"找""加""算"的过程。

［强调］从左往右读数按键。

（三）练习

分层练习。将学生分为3层，不同层的学生去到"龙苑美食街中不同的小店"，点餐并计算。

（四）总结

1.知识点总结

齐读点餐计算价格的过程关键词，加强学生记忆。

2.组织下课

下课，起立，同学们再见！

设计者简介

王子纯，深圳市南山区龙苑学校班主任，南山区优秀少先队辅导员，深圳市陆瑾教育科研专家工作室成员。参与多项省、校级课题研究，一项省级精品课程建设；参与深圳特教教研Logo设计及深圳特教"青年说"活动筹备；在多类教育教学及科研比赛中获得省、市、区奖项，如南山区特殊教育教师教学能力评比一等奖、南山区自制教具一等奖、第二届粤港澳融合教育论坛二等奖等。本课例《使用计算器点菜和计算价格（连加）》曾获2022年信息技术2.0"教学创新典型案例"二等奖。

5.谁跑得最快

赖华南

设计心语：本课题属于生活数学综合实践能力方面，对初中智障学生来说，把数学能力落到实处并在行为中展现出来特别重要。在做教学设计时，我考虑的是要让学生动起来，在活动中掌握数学知识，体会生活数学学习的乐趣。

【课题名称】

谁跑得最快

【任教学科】

生活数学

【任教年级】

培智学校八年级

【任教课时】

第2课时（共4课时）

【教材版本】

校本教材

【教学目标】

A类：找名字、往返跑步、按秒表计时、查看统计图表。

B类：找名字、往返跑步。

C类：找名字、按秒表计时、查看统计图表。

【教学重点】

通过动手操作，感受和运用测量、统计的基本知识解决生活中的实践问题。

【教学难点】

看成绩表。

【教学准备】

秒表、跑步场地。

【教学过程】

（一）导入

老师做一个动作，请学生来猜猜老师在干什么。教师做跑步状，引导学生猜测出"跑步"一词。

奖励学生一个故事：有两个人去打猎，在草原上看到一头很凶的狮子……

这个故事说明跑得快是一种重要的能力，我们的校园生活环境远远没有故事中的猎人生活环境那样的险恶，一般不需要跑得太快，但也有一些特殊的时候，比如。

当有一天，刘同学突然倒地癫痫发病的时候；当有一天，彭同学突然控制不住情绪打人的时候；当有一天，张同学突然打破玻璃的时候；当有一天，老师突然感到身体不舒服的时候……这些时候，我们需要找一个跑得比较快的同学来给老师充当信使，给办公室里的王老师或其他老师传达信息。

为了找出合格的信使，今天就要开一个小小运动会。让我们来看看，我们班的同学谁跑得最快。同学们，要想知道谁跑得快，有两种方法：一种是直接看同学们跑步，看谁最快；另一种是把同学们的成绩记录下来，用数据来比较看谁是最快的。

电子板书：谁跑得最快。（请学生大声地朗读）

（二）复习看秒表

一般的跑步都在操场上进行，我们今天因为天气和录像的关系，改成在楼道中跑步。先分组，再跑步，谁要做组长？其他人自由选择成为组员，想跟谁一组都可以，快。

组长要确定学会如何使用秒表测成绩。我们已经学过，现在简单复习一下。

按取消键：学习秒表的操作，看显示屏幕，找按钮。

按开始键：开始测量，盯着跑步的同学，随时准备下一步。

按停止键：按停止按钮，看成绩，报成绩。

（三）测试

学生分二到四组，每组学生测试成绩。

全部同学走过来，准备跑步。哪个组的同学过来先跑？第一组的同学过来，组长来学习测量成绩，按秒表。记录成绩。

第一组完成了，轮到下一组。一直持续到所有组别完成。

（四）填表

把测试成绩登记在黑板上进行比较。看谁跑得最快，

学生回座位。看记录下来的成绩数据。

（五）看图

在黑板上登记成绩，看成绩，请同学们当小裁判，用小磁铁投票，看谁跑得最快。

很明显，有的同学看数据还有点困难，特别是关于时间的数据。下面，我们把数据变成表格，以直观可视化的方式降低比较的难度。画图。

1. 讲解

看条形统计图，介绍名称和查看方法（一看柱条，二比高低）。在电脑中举三个例子（2卡通人，3动物，4人像），找出图中跑得最快的人。指导看图：看这个图，柱条越高，用的时间越长，跑得越慢；柱条越低，用的时间越短，跑得越快。

2. 实践活动

我当小裁判（用小磁铁投票）。

3. 教师随机出题（3题）

（1）今天谁跑得快？假设一会儿刘同学突然发病，谁当信使？

（2）如果有一天，有几个同学没来，（用纸板遮挡）那么谁跑得最快，投票，这时彭同学发病，谁当信使？

（3）假设，我们班同学都到了，但是不巧，××感冒了，这时谁跑得最快？如果这一天钟同学发脾气，谁充当信使？

（六）作业

小组练习看统计图表，找出谁是图中跑得最快的人。

（七）结束语

跑步是一件美好的事情，跑得快是一种优秀的能力。希望同学们都能尽自

己的能力跑出好成绩，在校运会和体育节上大放光彩。同时，希望跑得快的同学勇于承担，在需要的时候能做老师的信使，快速准确地传递信息，能帮忙减轻其他同学的痛苦，做一个有用的人，获得当英雄的成就。

但是，有时候也不要跑得太快。什么时候呢？比如：我们在跑的过程中，突然看到有人这样（做摸着走状），是盲班的同学，这时能不能跑得太快？又如，我们看到人端着热水走过来，能不能跑得太快？又如，我们看到人抱着玻璃走，能不能跑得太快？又如，我们看到有人牵着婴儿走，能不能跑得太快？又如，我们看到人拄着拐杖走，能不能跑得太快？

遇到以上种种特殊情况，同学们都需要控制一下速度，不要跑得过快。

还有更特殊的情况。有一天，某同学过红绿灯，看到对面是红灯，侧面有一辆小货车开过来，突然想：我和这车比比，看谁跑得快？然后就冲过马路……这样行不行？绝对不行。永远不要和车比谁跑得快。

当我们有跑得快的优秀能力的时候，一定要牢记，安全第一。

（八）组织下课

略。

设计者简介

赖华南，深圳元平特殊教育学校科任教师，中学高级教师，深圳市优秀班主任，深圳市优秀科技辅导教师，深圳市教师创客马拉松冠军，广东省优秀国际跳棋教练员。在别人纷纷转岗的情况下，无惧穷、苦、累、脏、烦，坚守特校教学一线22年，持续服务有癫痫等疾病的各类残疾儿童。先后带智障生活数学，听视障语文等多个科目，兼带创客和棋类社团，以"有教无类，出类拔萃"的教育理念，使所带中度智障班级7（4）班人人获得市级奖项，并带领多位青年教师获得市级奖项。

在社团方面，曾带领智障学生击败健全学生三夺深圳市智力项目团体冠军；带领六类残疾人运动员逆袭健全人成为深圳市国际跳棋冠军；将陈婉君培养成国际跳棋省冠军和全国季军。个人跟党扶贫，为山区儿童捐款助学多年，并有《生命之光》《会游泳的鸡蛋》等作品获全国一等奖。

6. 认识小数

陈斐娴

设计心语：数感是培养学生数学眼光、数学思维和发展数学语言的重要素养之一。小数在培智学校义务教育生活数学课程标准（2016版）中隶属七至九年级内容。虽在课标当中未对其教学内容和方式进行明确的划分，但参考普通教育数学学科以及其他版本培智数学教科书可知，生活情境是认识小数的重要背景，认、读、写并知道小数的意义是其重要内容。因此，本课将《认识小数》划分为两个课时，并充分结合生活实际进行教学。具体而言，第一课时（本课时）教学内容为初步认识小数，教学生学会读、写小数，初步感受小数与生活的联系；第二课时教学内容为体会小数的意义，加深学生对小数的认识并进一步感受小数与生活的联系。同时，基于培智学校学生抽象思维困难、注意力不集中的认知特点，本节课将小数转化为具体、生动的小数火车，帮助学生理解、记忆。

【课题名称】

认识小数

【任教学科】

生活数学

【任教年级】

培智学校高一年级

【任教课时】

第1课时（共2课时）

【教材版本】

培智学校义务教育生活数学课程标准（2016版）七至九年级

【教学目标】

在生活情境中发现小数，在认识小数火车的情境中学会认、读和写小数。体会小数与生活的密切关联，培养学生的观察和模仿能力。

根据学生情况，设置分组目标。

A组：掌握认、读、写小数的方法，自己认、读、写小数。

B组：根据小数火车的情境认识小数，按顺序读和写出小数。

C组：在小数火车场景中指出小数，跟读小数、描写小数。

【教学重点】

在认识小数火车的情境中认、读小数。

【教学难点】

在认识小数火车的情境中写小数。

【教学准备】

希沃白板及课件、小数火车卡片、课上分组学习单、课后分组作业单。

【教学过程】

（一）情境导入，引出课题

1. 出示情境

教师告知情境，引出本环节主题：今天学校组织春游，我们要一起出去玩，旅游时我们要带上一些食品补充能量，同学们看看，今天我们要带哪些物品，带的东西有什么特点。

教师出示薯片、橙汁和盐（见下图），请学生观察并说一说图中有哪些物品。同时课件出示薯片的价格、橙汁的容积和盐的重量，请学生观察数字有什么相同的地方。

一包薯片的价格：7.9元　　一盒橙汁的容积：1.5升

一包粗盐的重量：1.06千克

2. 引出课题

教师教学，像7.9、1.5、1.06这样的数叫作"小数"。小数中的"."叫作"小数点"。从而引出课题《认识小数》。

板书：认识小数。

在本环节中，各组学生分别能达到以下要求。

A组：能自主发现小数点并在教师教学后说出小数及小数点的名称。

B组：能在教师教学后说出小数及小数点的名称。

C组：能跟说小数及小数点的名称。

（二）火车到轨，认识小数

1. 认识小数三部分

教师告知情境，引出本环节主题：接下来的春游我们要乘坐火车出发，为了区别每位同学要坐的火车（见下图），我们利用与所带的食物有关的小数为它们命名。出发之前我们先来和它们认识一下，看看这列火车由哪些部分组成吧。

教师随后出示7.9、1.5、1.06的小数火车卡片，按照顺序分别出示火车头（整数部分）、车钩（小数点）和1～2节车厢（小数部分）。

2. 自主观察

请学生观察，小数火车由几个部分构成。

3. 共同学习

教师带领学生根据小数火车共同学习：小数由三部分组成，最前面的一个火车头为整数部分，最后面的1～2节车厢为小数部分，中间的一个车钩为连接整数和小数部分的小数点。学生正确认识小数的组成部分后，教师点击课件令火车头做出打招呼的特效以对学生进行鼓励。

在本环节中，各组学生分别能达到以下要求。

A组：能说出小数有三个部分、它们分别是什么，车头和车厢分别有几个、对应着什么数字。

B组：能说出小数火车有三个部分、中间的为小数点，数出车头和车厢分别有几个。

C组：能数出小数火车有三个部分，指出车头、车厢和小数点。

（三）号令集结，读出小数

1. 学读小数

教师告知情境，引出本环节主题：现在我们已经认识了我们要乘坐的小数火车，接下来让我们一起来看看小数火车的名字是什么，如果大家能够准确地读出上面的小数，就说明我们坐对了火车，火车就会鸣笛回应我们。

（1）自主尝试

请学生自己先根据小数火车卡片读一读。

（2）明确方法

教师带领学生按照从火车头开始到车钩再到车厢的顺序读小数："7.9读作七点九，1.5读作一点五，1.06读作一点零六。"随后出示PPT，明确方法：按照从左到右（车头到车钩到车厢）的顺序，整数部分按照整数的读法（车头一起读）读，小数点（车钩）读作"点"，小数部分顺次读出每个数字（一个车厢一个车厢读）。学生每读对一个小数，教师要点击课件令火车发出鸣笛音效以对学生进行鼓励。

2. 练读小数

教师出示练习，请学生轮流读出小数。对于B、C组学生，教师设置额外的小数火车进行提示指导。同时提示全体学生小数中关于"0"的读法。

0.18	34.90	25.6	120.70
6.35	15.07	62.52	157.8

在本环节中，各组学生分别能达到以下要求。

A组：能掌握读小数的方法，脱离小数火车卡片自主读出小数。

B组：能根据小数火车卡片的提示读出小数。

C组：能跟随教师在小数火车卡片上的手势指导读出小数。

（四）火车出发，写出小数

1. 学写小数

教师告知情境，引出本环节主题：火车要出发了，但是火车上的数字却消失了，请同学们帮忙找回它们的代号。

（1）自主尝试

教师发放火车小数学习单，学习单中的火车小数已全部隐去。再通过课件演示将火车（见下图）中的数字按照整数部分、小数点、小数部分的顺序逐个隐去，请学生在观看展示过程中同步在学习单上写出消失的部分。

（2）明确方法

教师带领学生集体写小数，明确写小数的方法：从左到右，先写整数部分（火车头），再写小数点（车钩），最后写小数部分（车厢）。学生每写对一个小数，教师要点击课件令火车出发以对学生进行鼓励。

2. 练写小数

请学生根据教师刚才讲解的方法再次在学习单上进行书写，主课教师和辅课教师到学生座位上进行一对一的指导。

在本环节中，各组学生分别能达到以下要求。

A组：能掌握写小数的方法，脱离小数火车卡片自主写出小数。

B组：能根据小数火车卡片的提示写出小数。

C组：能在小数火车卡片上描写出小数。

（五）总结回顾，课后延伸

1. 课堂小结，布置作业

教师总结：今天我们一起认识了小数火车，读出并写出了它们的小数代号。其实生活中还有很多的小数，它们能够帮助我们解决生活中的很多问题。

布置作业：发放分组作业单，请同学们找一找生活中还有哪里有小数，把它们抄写下来，并读一读，下节课请同学跟我们分享。

2. 组织下课

下课，起立，同学们再见。

设计者简介

陈斐娴，深圳市第二特殊教育学校教师，担任校高一、高二实用数学和社会适应学科教师，担任高二年级辅管教师。2022年12月获得校内教师教学基本功大赛一等奖。主持多项有关特殊儿童学科教育教学、特殊学校课程与教学等方向的研究。

第三章

3

生活适应

培智学校生活适应课程（以下简称"课程"）是一门帮助培智学校学生（以下简称"学生"）学会生活、融入社会的一般性课程。本课程应遵循学生认知发展规律，旨在培养学生生活自理、从事简单家务劳动、自我保护和适应社会的能力；帮助学生养成健康的生活方式；形成热爱祖国，热爱人民，热爱中国共产党的情感态度，培育和践行社会主义核心价值观，使学生尽可能地成为合格、独立的社会公民。

第一节　性质理念

一、课程性质

生活适应课程是在培智学校开设的一门立足于学生当前及未来生活需求，以学生生活适应能力的培养为目的的一般性课程。

1. 生活性

本课程以学生的生活为核心，以学生生活中的需要和问题为出发点，遵循学生生活的逻辑及其身心发展特点，围绕学生个人生活、家庭生活、学校生活与社会生活构建课程体系。

2. 实践性

本课程强调学生的实践与操作，注重学生在体验、操作、探究和解决问题的过程中直接获得经验，提高学生解决生活实际问题的能力。

3. 开放性

本课程重视教学内容和教学时空的开放性：教学内容根据社会生活的发展变化和学生身心发展的需要，有选择地吸纳鲜活的社会生活事件；教学空间则从课堂向家庭和社区扩展，提高学生适应生活、适应社会的能力。

二、课程理念

1. 培养学生生活适应能力，提高学生生活质量

本课程始终把培养和提高学生的生活适应能力作为出发点和落脚点，围绕学生当前和未来的生活需求构建课程体系，着重发展学生生活自理、从事简单

家务劳动、自我保护和适应社会的能力，提高其生活质量。

2. 关注学生生活实际，帮助学生融入社会

本课程立足于学生生活实际，将学生的个人生活、家庭生活、学校生活、社区生活等内容进行有机整合，帮助学生认识自我，处理好与他人、社会的关系，提高学生解决生活实际问题的能力，促进其融入社会。

3. 尊重学生个体差异，促进学生个性发展

本课程尊重学生的个体差异，依据其身心发展特点和生活实际，设置合适的教学目标，采用不同的教学方法，因材施教，满足其个别化教育的需求，最大限度地开发其潜能，促进其个性发展。

第二节　课程目标

一、总目标

生活适应课程旨在帮助学生了解基本的生活常识，掌握必备的适应性技能，养成良好的行为习惯，形成基本的生活适应能力及良好的品德，成为适应社会生活的公民。

二、分段目标

领域	低段	中段	高段
个人生活	1. 具有基本的个人生活所需的自理能力，初步形成良好的饮食、卫生习惯 2. 会表达自己的身体感受 3. 熟悉自己的生活环境，能观察身边的事物，具有好奇心	1. 懂得文明礼仪，尊重他人 2. 认识身体异常状况，了解简单疾病预防知识和处理措施 3. 会表达自己的情绪、情感 4. 初步了解青春期基本知识，保持良好情绪	1. 养成健康、文明的生活习惯 2. 正确对待他人的评价，力所能及地为他人服务
家庭生活	1. 知道家庭主要成员，了解亲友关系，听从父母和长辈教导	1. 了解家庭成员基本信息，能与亲友沟通、交流	1. 了解家庭待客活动，孝顺父母，尊重、关心家人，承担一定的家庭责任，与家人一起享受家庭生活

领域	低段	中段	高段
家庭生活	2. 了解家庭的居住环境，具有初步的环境维护和安全意识 3. 建立初步的健康消费意识	2. 了解主要的居家安全常识，参与家务劳动，爱护家居环境 3. 不攀比，建立适度消费观念	2. 保护家庭隐私，保障居家安全 3. 体谅父母生活、工作的艰辛，知道合理消费，勤俭节约
学校生活	1. 认识学校中的相关人员，并礼貌相待 2. 遵守学校纪律，愿意参与学校活动 3. 熟悉校园环境，注意安全	1. 与同学、老师建立良好关系，关心集体，有荣誉感 2. 遵守学生守则，文明礼貌，初步养成良好的学习习惯 3. 能安全使用学校设施，掌握简单的求救方法	1. 懂得交往礼仪，能与师生进行友好合作，具有团队意识 2. 积极参与学校活动并愿意为他人服务 3. 具备一定的自我保护能力
社区生活	1. 了解社区环境，认识社区中相关成员，与邻里友好相处 2. 爱护社区环境 3. 具有初步的社区活动安全意识	1. 愿意参与社区活动，尊重他人 2. 合理利用社区资源 3. 具备基本的社区安全常识	1. 在社区中主动寻求帮助 2. 积极参与社区活动并愿意为他人服务 3. 具备一定的自我保护能力
国家与世界	1. 知道自己是中国人，遵守升国旗等礼仪活动规范 2. 初步了解我国主要传统节日 3. 喜欢大自然，初步建立环保意识	1. 知道我国是一个统一的多民族国家，初步了解相关民俗活动 2. 具有基本的环境保护意识 3. 知道遵纪守法	1. 热爱祖国，初步了解我国领土的相关知识，知道国家主权不可侵犯 2. 初步了解有关家乡和祖国的地理、历史知识 3. 初步认识世界，知道世界是由多个国家和地区组成的 4. 具有保护生态环境的环保意识 5. 遵纪守法，在成人指导下维护自身利益

第三节　教学设计

1.我的早餐

沈晶晶

设计心语：培智学校二年级的学生对于食物名称有一定的认识，但对于吃早餐的时间，一般在早餐吃哪些食物还比较陌生。生活适应学科的教学目的在于帮助学生学会生活和融入社会。本节课模拟了吃早餐的生活情境，引入了各种真实的早餐食物，同时将教室布置成早餐店的样子，学生的座位变成了餐桌。以"竹香早餐店"为背景，先认识早餐的含义。接着分别认识早餐店的各种食物，认识常见的早餐食物有哪些。然后设计多个游戏活动巩固前面学习的内容。最后邀请表现最好的学生做早餐店老板，全班学生一起吃早餐。整节课寓教于乐，活动趣味性较强。

【课题名称】

我的早餐

【任教学科】

生活适应

【任教年级】

培智学校二年级

【任教课时】

第1课时（共4课时）

【教材版本】

培智学校义务实验教科书生活适应二年级下册

【教学目标】

本班共有10名学生，残障类型主要包括智力障碍和自闭症，年龄为8～13岁，根据学生认知水平，将学生分成3组。A组学生能说出几种早餐食物的名称，但不明白早餐在什么时候吃。B组学生只能认识1～2种早餐食物，不了解吃早餐的时间。C组学生不能指认早餐食物。根据学生分层情况设置如下教学目标。

A组：知道早上吃的饭是早餐。能说出6种常见早餐食物的名称。

B组：了解早上吃的饭是早餐。能说出4种常见早餐食物的名称。

C组：在教师辅助下能指认2种常见早餐食物。

【教学重点】

认识常见的早餐食物。

【教学难点】

理解早餐的含义，知道早餐在什么时候吃。

【教学准备】

希沃课件、常见早餐食物、学生练习单。

【教学过程】

（一）常规教学，进入课堂

（1）师生问好。

（2）教师点名，学生答"到"。

（二）任务导入，引出主题

1. 展示教室内布置的真实"早餐店"

告诉学生：竹香早餐店开业啦。出示早餐店老板的服装，提问学生想不想做早餐店老板。

2. 介绍任务要求

想成为小老板，先要认识早餐店里的早餐，还要玩各种游戏获得小红花，得到小红花奖励最多的同学可以当小老板。

（三）情境模拟，探究新知

1. 理解"早餐"的含义

（1）认识吃早餐的时间。

（2）请学生观察"早餐"二字，提问学生"早"字的含义。

（3）呈现"早"字的字源图片，辅助学生理解"早"，太阳升起来是早上。

（4）出示早晨的卡通图片，引导学生认识早上起床后吃的饭是早饭，也叫"早餐"。

（5）练习巩固：谁在吃早餐

出示三张在吃饭的图片，请A组和B组的学生分别根据图片背景判断三张图片中哪张在吃早餐，巩固认识早上起床后吃的饭是早餐。C组学生对照图片跟读：早上起床吃早餐。给回答正确的学生奖励小红花。

2. 认识早餐食物

（1）认识常见的早餐食物

① 提问：同学们喜欢吃什么早餐？请学生自由发言。

② 提示学生仔细观察竹香早餐店，借助实物和图片，带领学生认识早餐店里的食物。通过实物到图片的认知过程，加深对常见早餐食物的认识。

认识包子：观察包子的外表，认识包子上有花纹。掰开包子让学生品尝，认识包子里面有馅。顺口溜小结：花纹包子藏美味。

认识馒头：请学生观察回答馒头上有没有花纹，让学生品尝馒头，认识馒头里面没有馅。顺口溜小结：馒头肚里都没有。

认识粥、牛奶、鸡蛋、面包：先请学生指认，并观察形状、颜色等，不认识的可以尝一尝。

（2）游戏：变变变

请学生在屏幕上点一点并说出呈现的图片是哪种早餐食物。在三组中分别请1名学生玩游戏，回答正确的学生可以得到小红花。

A组学生：指认所学习的6种早餐食物。

B组学生：指认面包、包子、牛奶和鸡蛋。

C组学生：指认牛奶和鸡蛋。

（3）希沃游戏：选出早餐食物

从A、B组中选出2名学生到电脑前玩分组竞赛点击游戏：点击是早餐食物的图片。

（四）游戏练习，乐学固学

1. 任务介绍

教师介绍本环节的任务：每个学生先为自己挑选早餐要吃的食物。接着教师会选出得到小红花最多的学生到竹香早餐店扮演小老板。

2. 任务要求

教师分发练习单和打印好的早餐食物图片，让学生按要求选择早餐。

A组学生：能正确回答辅教老师关于图片上食物是什么的提问，能独立在菜单上粘贴所选食物，并尝试说一说每种食物是什么味道。

B组学生：能在教师语言提示下指认4种早餐食物图片，在菜单上粘贴选择的食物。

C组学生：能在辅助下借助实物指认2种早餐食物图片，能在菜单框内粘贴。

3. 作业展示

教师请学生分别到台前展示自己的练习单。可以这样介绍：早餐，我想吃或喝。C组学生在教师的辅助下介绍。

点评完学生准备的早餐后，教师展示学生家长拍的真实早餐图片，引导学生认识早餐可以选择吃食物和喝饮品，认识"干稀"搭配的早餐选择，比如早餐可以吃包子、喝粥。也可以吃面包、喝牛奶。

4. 购买早餐

根据学生得到的小红花奖励情况，选择1名学生穿上小老板衣服为其他学生分发早餐。

5. 品尝早餐

学生品尝早餐，教师提醒学生不能浪费。在学生吃早餐的时候，随机提问学生"你在吃什么早餐"和"早餐是什么味道"。

（五）拓展延伸，儿歌总结

1. 延伸认识

教师提问：你们知道吃早餐的时候，除了竹香早餐店的这几样食物，还可以吃什么？

出示图片，介绍常见的早餐食物还包括豆浆、油条、肠粉等。

2. 儿歌总结

早上起床吃早餐，早餐记得要吃好。

鸡蛋牛奶不能少，面包馒头我爱吃。

包子粥呀补能量，吃好早餐身体棒！

教师读儿歌，让学生试着跟读。边读边出示本节课所学的早餐食物图片，强化学生的认知。

设计者简介

沈晶晶，深圳市福田区竹香学校教师，生活适应学科组组长，曾荣获2021年福田区特殊教育教师德育教学竞赛二等奖。

2. 修剪指甲

王秋风

设计心语：修剪指甲是个体生活自理的重要内容，相对穿衣服叠衣服而言，学习难度较大，对个体的精细动作能力要求较高，操作不当也容易伤到手指，使学生产生畏难、惧怕的心理。整个课程内容的教学设计都谨遵生活性、实用性、安全性。指甲刀常见但具体部位的名称却不常说，不是我们日常交流用语，但在实际教学中要把动作要领讲透又必须涉及，为此根据指甲刀的外形特征将指甲刀的部位分别命名为嘴巴、尾巴和翅膀；培智学生记忆力薄弱、分辨能力欠佳，难以通过观看简短操作习得全过程，为方便学生的学习，将剪指甲的步骤变成儿歌，儿歌朗朗上口，易于记忆；为保护学生的求知欲，确保课堂安全，选择教具时将常见性、实用性和安全性充分结合，为防止在拿指甲刀时出现打滑的情况，课堂上使用的指甲刀都缠上了小皮筋防滑；练习用的指甲采用可套在手上的指甲玩具，可全面护住手指，即使拿不稳指甲刀也不会伤到手指。整个教学过程中全面贯穿注意事项，让学生在学习技能的同时树立起对应的安全防护意识。

【课题名称】

修剪指甲

【任教学科】

生活适应

【任教年级】

培智学校五年级

【任教课时】

第2课时（共3课时）

【教材版本】

培智学校义务教育实验教科书生活适应五年级上册

【教学目标】

（1）掌握剪指甲的基本步骤，会熟练地开合指甲刀（A、B两组可识记剪指甲的基本步骤，熟练地开合指甲刀；C组学生在教师提示下识记剪指甲的基本步骤，能开合指甲刀即可）。

（2）会握指甲刀，习得剪指甲的动作要领（A组学生会握指甲刀，习得剪指甲的动作要领并能恰当处理剪掉的指甲；B组学生会握指甲刀，习得剪指甲的动作要领并在老师家长的提醒下能清理剪掉的指甲；C组学生会握指甲刀，做出剪指甲的动作即可）。

（3）教育学生在日常生活中养成善于观察、讲卫生的良好习惯，形成指甲长了要剪的基本意识，能在剪指甲时注意基本的安全要素（A、B、C三组）。

【教学重点】

掌握剪指甲的基本步骤。

【教学难点】

掌握使用指甲刀的基本动作要领。

【教学准备】

指甲刀、指甲玩具、识图卡片、纸巾、垃圾桶。

【教学过程】

（一）复习旧知

1. 用什么剪指甲

请学生回想上节课学习内容，集体回答（最后请C组学生指认图片，尝试着说出来）。

2. 指甲刀的组成

提问指甲刀由什么组成，A、B两组抢答，C组学生通过图片指认出指甲刀的嘴巴、尾巴和翅膀（为方便学生理解、记忆、运用，根据指甲刀的形状特征在第一课时为其不同的部位分别命名为嘴巴、尾巴和翅膀），教师强调安全事项，如果使用不当指甲刀的嘴巴（刀口）也会咬人。

（二）导入新授

1. 内容探讨，导入主题

请学生根据上节课内容探讨为什么要剪指甲，引入主题修剪指甲和本节课教具指甲刀、指甲玩具、识图卡片、纸巾和垃圾桶。

2. 内容新授，儿歌串联

（1）视频学习，安全告知

播放修剪指甲的视频请学生观看，观看结束后强调安全事项：指甲刀不可以当玩具；拿指甲刀需要抓尾巴；手指不能塞到指甲刀的嘴巴里；不可以用指甲刀剪其他东西。

（2）任务分解，逐步教授

发指甲刀、指甲玩具和纸巾给学生，分发之前再次强调安全事项和需要注意的内容（不可以把指甲刀上的小皮筋取下来，它是防滑的，能帮助我们把指甲刀拿得更稳）。然后进行分步教学。

① 教师请学生拿起指甲刀——指甲刀手中拿。

② 教师请学生打开指甲刀翅膀——打开翅膀。

③ 教师示范让指甲刀飞起来的动作请学生观看。

④ 教师请学生模仿指甲刀飞起来的动作，检查指甲刀是否飞起来。

⑤ 教师给学生示范拿指甲刀的动作要领——手指捏住小尾巴（通过捏捏操来强化捏的动作），检查学生拿指甲刀的动作是否正确。

⑥ 教师请学生带着指甲玩具学习剪指甲——用指甲刀嘴巴咬住指甲边（强调注意事项：从前面开始咬住，一点一点往里剪；不可以咬到旁边；不可以咬到最里面）。

⑦ 确认好指甲刀咬指甲的位置，教师示范并请学生用力捏指甲刀尾巴——用力一捏咔嚓响，指甲掉在纸巾上。

⑧ 教师带学生旋转收好指甲刀翅膀——剪好指甲收翅膀。

⑨ 再把桌面清理好。

（3）示范操作，总结固化

教师通过图文结合的方式请学生分辨剪指甲的动作要领，再次学习注意事项。

教师示范剪指甲，一边剪一边解说步骤，之后请A组学生尝试剪指甲，然后带学生总结回顾剪指甲的基本步骤——指甲刀，手中拿；翅膀打开飞起来，手指捏住小尾巴，嘴巴咬住指甲边，用力一捏咔嚓响，指甲掉在纸巾上，剪好指甲收翅膀，再把桌面清理好。

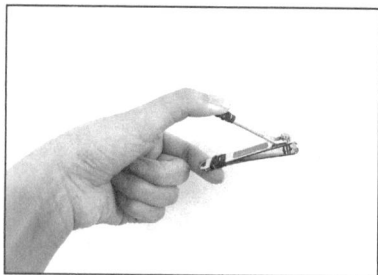

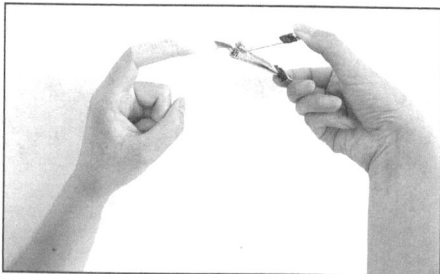

（三）巩固练习

再次强调注意事项及动作要领，请学生集体操作练习，教师巡回指导。

（四）内容总结

总结学习内容，强调安全事项和动作要领，总体回顾修剪指甲步骤。

指甲刀手中拿，翅膀打开飞起来。

手指捏住小尾巴，嘴巴咬住指甲边。

用力一捏咔嚓响,指甲掉在纸巾上。

剪好指甲收翅膀,再把桌面清理好。

设计者简介

王秋风,广东省连平县仁爱学校教师,广东省陈丽江名师工作室入室学员,特殊教育二级教师,从教6年以来一直担任班主任工作,在班级管理中重视学生情绪疏导。参与河源市哲学社会科学"十三五"规划2016年度项目课题并成功结题,在期刊《教育界》合作发表论文一篇,并获广东省"优秀个别化教育研究论文"三等奖,参与申报的省级课题"特殊学校送教上门模式的研究"于2020年通过立项,2022年主持课题"'心''行'相结合的干预对智力障碍儿童良好行为的养成研究"。

3. 礼貌招待客人

麦子翘

设计心语:融入社区生活,不仅需要掌握在家中迎接客人的技巧和礼仪,也需要掌握到别人家登门做客的技巧和礼仪,这两个知识内容是相互联系、相辅相成的。在学习"做好小主人"的基础上拓展延伸"做礼貌的客人"的内容,能够帮助学生更好地理解待客、做客的关系,并更好地掌握社区人际交往的技巧。

【课题名称】

礼貌招待客人

【任教学科】

生活适应

【任教年级】

培智学校五年级

【任教课时】

第4课时（共5课时）

【教材版本】

培智学校义务实验教科书生活适应五年级下册

【教学目标】

招待客人是社区适应的重要内容之一，通过前3课时的学习，学生基本掌握了礼貌待客的知识和技能，知道如何做好待客准备，知道招待客人的基本过程和礼仪，了解如何与客人进行简单交谈。本课时将在此基础上拓展学生登门做客的技能，通过学一学、看一看、演一演、唱一唱四个活动，帮助学生掌握登门做客的基本过程，让学生了解登门做客的礼仪常识，在做好一名小主人的同时学做一名礼貌的客人。个别化目标设置如下。

A组：知道登门做客的过程及做客礼仪，做一名有礼貌的客人。

B组：能够在成人或同伴的帮助下，完成登门做客的过程。

C组：能够在成人的帮助下，登门见面时向主人热情挥手问好，离开时向主人挥手道别。

【教学重点】

在登门做客的过程中，熟悉登门做客的过程。

【教学难点】

在登门做客的过程中，熟悉登门做客过程的同时，遵守文明礼仪，不给主人家添麻烦。

【教学准备】

1. 前期测评

通过访谈家长的形式，了解学生是否有到别人家登门做客的生活经验，具备哪些相关的能力。教师根据测评结果，将学生分为A、B、C三组。A组学生能够较好掌握前三个课时的目标，并有和父母一起登门做客的生活经验，初步具备做礼貌客人的意识，在提示下能够遵守相关的礼仪；B组学生能够部分掌握前三课时的目标，对登门做客有一定的概念，在父母的提醒下能够与主人问好和道别，但对相关的技巧和礼仪并不了解；C组学生的认知和社交能力较弱，对登门做客的主动性和参与度不高。

2. 教具准备

多媒体教学设备、希沃课件、视频、动画、学生姓名磁铁、强化物磁铁、本课的贴图图片、水壶、茶杯、水果、门铃。

3. 辅课教师支持

辅课教师需要在个别环节发放教具，给予B、C层学生提示和辅助，并管理好有情绪行为问题的学生，协助主课教师维持好课堂秩序。

【教学过程】

（一）师生问好

老师好！同学们好！

（二）复习导入环节

1. 听儿歌，忆旧知

教师播放儿歌视频《客人来到我们家》，请学生跟着一起唱。

设计意图：通过节奏欢快的视频儿歌吸引学生的注意力，激发学生的学习兴趣，帮助学生回忆招待客人的课程内容。

2. 看图片，固旧知

教师在黑板上展示配套教材中关于"礼貌待客"的七张大图卡，先由教师说出礼貌待客的全过程（7个过程），再提问学生个别过程的相关礼仪。

教师：通过前面的学习，我们都知道了如何礼貌待客，如何做个热情的小主人。但是在邻里生活中需要有来有往，今天你到我们家做客，明天我到你们家做客。所以，我们除了要学习做一名热情的主人，还要学习做一名礼貌的客人，你知道如何做吗？

（三）新授环节

1. 学一学：认识登门做客的过程

展示八个登门做客的步骤，让学生对登门做客过程有初步的了解。

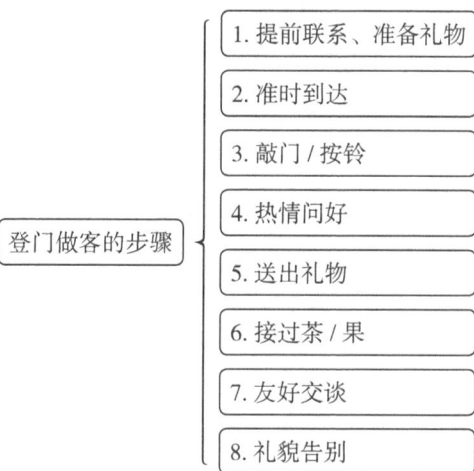

登门做客的步骤
- 1. 提前联系、准备礼物
- 2. 准时到达
- 3. 敲门／按铃
- 4. 热情问好
- 5. 送出礼物
- 6. 接过茶／果
- 7. 友好交谈
- 8. 礼貌告别

教师通过播放自制动画并讲解的方式，展开步骤逐个教授。

2. 第一步：提前联系，准备礼物

播放课件动画和录音：动画里乐乐联系客人，说道："喂，你好，是兰兰吗？我想明天晚上8点，和妈妈一起到你家做客，请问你们有时间吗？"（意图：通过角色演示，以供学生参照、模仿）

教师：到别人家做客前要提前预约时间，这样兰兰才能提前做好准备，安排好自己的时间。（揭示提前预约的重要性）

播放课件动画和录音：动画里的乐乐准备了水果和饼干，说道："这是兰兰最喜欢的香蕉和曲奇饼，她一定会很开心。"

教师：预约好后可以准备对方喜欢的水果、饼干等食物，作为做客的礼物，表示对对方的尊敬与重视。（揭示准备礼物的原因和重要性）

3. 第二步：准时到达

播放课件动画和录音：动画里的乐乐准备出门，说道："约好了晚上8点，现在出门，大概7点40分就能到，不能让兰兰等太久。"

教师：预约好时间，就必须准时到达，不能太早或太晚。如果到得太早，就会打乱主人的安排；如果迟到，就会浪费主人的时间，是非常失礼的行为。（揭示准时到达的注意事项和重要性）

4. 第三步：敲门/按铃

播放课件动画和录音：动画里的乐乐轻轻敲门，敲三下说一声"您好，请问有人在家吗"。

教师：进门前先轻声敲门或轻按门铃，等到主人带我们进门后，才可进入。

教师用手在黑板上轻轻敲门，请学生在桌面上模仿敲门的动作，辅课教师为C组学生提供肢体协助；教师展示门铃道具，先示范再请A、B组学生上前模仿；教师做出错误的敲门（用力、连续敲门）和按门铃（连续按铃）的动作，告诫学生这是不礼貌的行为。（先出示正确示范，再出示错误示范，加深对此行为礼仪的理解）

5. 第四、五步：热情问好、送出礼物

播放课件动画和录音，乐乐微笑着双手送上水果和饼干，说道："晚上好！见到你真高兴，请收下我们的一点小心意。"

教师：见到主人，要热情地打招呼（挥手）。然后双手送出礼物（配合动作示范），并跟随主人走到客厅坐下。进门后，不要走来走去、乱翻东西或进入主人的卧室。

请全班学生一起做挥手问好的动作，辅课教师辅助C组学生挥手。

6. 第六步：接过水果/茶水

播放课件动画和录音，兰兰的妈妈给乐乐递过茶水，乐乐起身并双手接过茶水，说道："谢谢阿姨。"

教师：当主人端来茶水或水果时，要起身，双手接过茶/果（动作示范），并说一声"谢谢"。

辅课教师和教师分别饰演主人和客人，在讲台前分步示范当主人送来茶水时，客人应该起身、双手接过并道谢，请A、B组模仿演练，C组学生观看。

7. 第七步：友好交谈

播放课件动画和录音，兰兰的妈妈问乐乐："乐乐，暑假准备去哪里玩？"乐乐与阿姨对视，说道："我想回江西老家（班上学生的老家）。"

教师：与主人交谈时，要端正坐好，客人问话要礼貌回答。

8. 第八步：礼貌告别

播放课件动画和录音，乐乐在门口微笑挥手告别，说道："谢谢你们，欢迎下次来我家做客，再见。"

教师：离开时，要先对主人家的招待表示感谢，再挥手再见（挥手）。

请全班学生一起做挥手告别的动作并说再见，辅课教师辅助C组学生挥手。

再次回顾登门做客的八个步骤。

（四）巩固环节

1. 看一看

教师播放视频《遥遥做客记》，请学生仔细观察遥遥在登门做客的过程中是如何做的。

2. 演一演

分组演练，学生和教师分别饰演客人和主人，在模拟情境中运用所学知识，将所学知识转化为实践技能。

将全班学生分成两个学习小组，每个小组混合A、B、C组学生，一组饰演主人，一组饰演客人，两名辅课教师分别饰演主人家和客人家的家长，给予B、C层学生必要的口语提示和肢体辅助。

3. 唱一唱

唱一唱教师自编的《礼貌做客歌诀》，通过歌诀复习巩固登门做客的八个步骤，帮助学生更好、更快地识记所学内容。

邻里串门有礼貌，提前联系不打扰，准备礼物准时到，轻轻敲门问声好，跟随主人到客厅，起身双手接果茶，友好交谈不打岔，友好道别说再见，欢迎下次到我家。

（五）总结回顾，布置练习

通过思维导图回顾登门做客的过程。

教师：现在，我们既能做一名热情的主人，又能做一位礼貌的客人了。明天就是周六了，请同学们选择一位好朋友，到她/他的家里登门做客吧。

（六）师生相互告别

师生根据本课所学相互告别。

设计者简介

麦子翘，女，深圳市第二特殊教育学校教导处干事、课程建设工作小组专干、社会适应教师及高二（1）班班主任。华东师范大学硕士，美国堪萨斯大学访问学者。现主持省实验室课题1项、校级课题一项，作为主要成员参与省、市、校级课题共4项；参编特殊教育相关著作3本。在校期间，曾获多项奖励，如深圳市线上教学优秀课例三等奖、深圳市教师微课大赛三等奖、学校教学设计比赛特等奖、学校教育故事征文一等奖，还获得过学校优秀教师、优秀班级等荣誉称号。

4 制作水果沙拉

孙明昊

设计心语： 本课选自《培智学校义务教育劳动技能课程标准（2016年版）》中年级（四至六年级）"家务劳动技能"中"厨房劳动"类别下的"使用刀具"，教学内容分为4个课时，第1课时认识刀具并了解使用时的注意事项，初步尝试使用刀具把食材切开；第2课时尝试了解使用刀具在生活中的应用，即体验切食材是制作餐食的环节之一；第3～4课时为巩固熟练环节。

使用刀具是家务劳动技能的常用技能，学生给自己做饭吃也是非常重要的一项自理能力。为防止操作过程中出现割伤等意外情况，第1课时我已经通过图片、视频等形式向学生讲解了安全使用刀具的注意事项，并且在课前准备中把带尖的水果刀用胶带缠住，以降低危险性。

本课选取制作水果沙拉作为使用刀具的教学情境，让学生明白在生活中刀具的用处，而不是"为了学习使用刀具而学习"。并且制作水果沙拉的情境可以把清洗食材、清洗工具以及注意个人卫生和垃圾分类等内容串联，帮助学生把知识融会贯通，也符合劳动技能学科生活性和实践性的课标要求。

同时为适应不同层次学生的能力差异，为学生提供多种水果作为教学素材，如自理能力较好、精细动作发育好的学生切苹果、梨等有一定硬度的水果，精细动作发育欠佳的学生独自或由老师辅助切香蕉等较软的水果。

【课题名称】

制作水果沙拉

【任教学科】

生活适应

【任教年级】

培智学校六年级

【任教课时】

第2课时（共4课时）

【教材版本】

《培智学校义务教育劳动技能课程标准（2016年版）》中年级（四至六年级）

【教学目标】

1. 知识与技能

A、B组：知道制作水果沙拉的方法和需要的食材、学会用刀切水果的正确方法，并把果皮分类处理。

C组：了解制作水果沙拉的方法，经人辅助能使用刀具把水果均匀切开。

2. 过程与方法

A、B组：能掌握规范的使用刀具程序，协调运用手眼配合，提高精细动作水平，在切水果的过程中不会伤害自己。

C组：能够模仿切水果的动作，初步具有半独立生活的能力。

3. 情感态度与价值观

A、B、C组：通过实际的劳动体验，初步形成劳动意识，养成珍惜劳动成果、团结协作的品质。

【教学重点】

能使用刀具把水果切成需要的形状。

【教学难点】

掌握规范安全的使用刀具方法。

【教学准备】

水果若干（苹果、梨、香蕉、火龙果），沙拉酱，酸奶，餐刀3把，菜板3个，塑料盆1个，一次性手套若干，餐碗3个，一次性筷子若干，奖励贴纸，课件。

【教学过程】

（一）游戏导入，兴趣引领

教师：同学们，我们上节课练习了如何用刀把水果切成块，今天我们上课前先来玩一个切水果的游戏，教师先给同学们做个示范。

教师示范如何玩抖音App中游戏特效的"切水果游戏"。

学生：举手要求参与。

教师：根据学生的闯关情况给予"切水果王者""切水果达人""切水果能手"等不同的贴纸奖励。

设计意图：利用生动有趣且有参与体验的体感游戏增强学生的参与感，将学生迅速引入课堂氛围。

（二）复习环节，引出课题

教师：同学们刚才都获得了切水果游戏的贴纸奖励，今天教师给大家带了几种水果，请同学们来猜猜看是什么水果呢？

教师出示装有多种水果的不透明袋子，让学生伸手进去拿一个水果出来，并说一说拿到的是什么水果。

学生：说出自己拿出的水果名称，并把水果交给教师。

教师：同学们，这些水果除了直接吃还有其他的吃法，同学们知道吗？

展示"制作水果沙拉"的视频。

设计意图：通过不透明袋子拿出水果和猜猜水果的其他吃法两重悬念，引出本节课的主要内容"制作水果沙拉"，让学生体验对知识的探索过程，感受探究式学习的乐趣。

（三）新授环节，实践操作

1. 观看制作步骤

教师给学生展示制作水果沙拉需要的食材和工具，并通过课件的形式先从整体上讲解制作过程。

教师：我们制作水果沙拉有如下几个步骤。

（1）把水果清洗干净。

（2）带上一次性手套在菜板上把水果切成小块。

（3）把切成块的水果放进碗里。

（4）放上沙拉酱和酸奶。

2. 实际操作练习

（1）教师给学生分组

A组：小罗、小林、小白、小雨。

B组：小想、小云、小妍。

C组：小顺、小阳。

（2）第一环节分组切水果

A、B组学生用清水冲洗水果、带上一次性手套，C组学生带上一次性手套。

孙老师带领A、B两组学生切苹果、梨，学生把香蕉和火龙果的果皮剥开切块；张老师辅助C组学生切苹果、梨，学生切教师帮忙剥好的香蕉、火龙果，要求切成大小均匀的小块。

请现场教师为三个组切的水果用小红花投票。

（3）第二环节装碗放沙拉酱和酸奶

学生戴手套把切好的水果放入碗中，A、B组在教师的指令下在水果上放入沙拉酱和酸奶，C组由教师辅助完成。

请现场教师为三个组制作好的水果沙拉成品用小红花投票。

设计意图：我把学习制作的过程分为观看学习和实际操作两个环节，让学生先对制作水果沙拉的方法有一个整体的印象，然后再结合前一课时学习的切水果方法进行亲身体验，使学生感受参与劳动的乐趣和获得劳动成果的满足感；现场教师为学生的劳动和作品投票，让学生的付出即时获得反馈。

（四）总结强调、清洁整理

教师根据现场教师投票的情况，给各组学生发放小红花奖励；总结制作水果沙拉的四个步骤；再次强调使用刀具的注意事项；要求学生整理工具；同时提醒学生果皮要扔到绿色的厨余垃圾桶。

设计意图：提醒学生养成劳动后进行整理的良好习惯，并与之前学习的垃圾分类相结合，将知识融会贯通。

孙明昊，深圳市福田区竹香学校教师，福田区优秀班主任，所带班级获评福田区文明班级。曾获福田区"2020在线教学成果评比"活动小学组特等奖，2022年福田区中小学"在线教学"优秀课例征集活动特教组一等奖，深圳市教育教学信息化大奖赛活动基础教育小学组微课三等奖，福田区教育教学信息化比赛微课项目特殊教育组二等奖，深圳市首届美育教师教学基本功比赛特殊教育组三等奖。

5. 神奇的身份证

秦铭欢

设计心语：身份证是现代生活必不可少的证件，了解自己的身份信息是适应生活、参与社会的基础条件之一。学习我的身份证，不仅是让学生了解自己的身份信息，而且加强学生自我认识，有助于激发学生自我意识。同时，学习身份证信息有助于开展爱国教育，让学生清楚知道自己是一名中国人。

【课题名称】

神奇的身份证

【任教学科】

生活适应

【任教年级】

培智学校六年级

【任教课时】

第2课时（共3课时）

【教材版本】

培智学校义务实验教科书生活适应六年级上册

【教学目标】

A组：知道自己的民族、出生日期等个人信息；并能够填写相关个人信息。

B组：了解自己的民族、出生日期等个人信息；能在老师指导下填写相关个人信息。

C组：能指认自己的民族、出生日期等个人信息。

【教学重点】

知道自己的民族、出生日期等个人信息，填写自己的个人信息内容。

【教学难点】

理解并了解自己的民族信息。

【教学准备】

多媒体教学设备、教学课件、学生身份证复印件、真实身份证卡片、学习单（个人信息表，分3组）。

【教学过程】

（一）设置悬念、导入课程

1. 复习回顾内容

同学们，上节课我们已经认识了"身份证"，知道了身份证有很神奇的功能，他能够告诉别人你是谁。在很多场合都需要使用身份证来证明大家的身份、了解大家的信息。

2. 设问导入课题

那么今天，让我们一起来看看神奇的身份证隐藏了什么奥秘呢？

（二）认识证件、寻找信息

1. 虚实结合展示

教师先展示真实的身份证卡片给学生，请同学手握身份证卡片进行观察。

教师再在课件中展示身份证正反两面的照片，引导学生发现身份证有正反两面。

2. 隐私安全保护

教师分发每个学生的身份证复印件材料，同时提醒学生身份证信息是个人隐私非常重要，不可以告诉陌生人，上完课要将复印件材料交给教师保管。

3. 分组自我探究

教师将学生分为不同小组，引导学生观察自己身份证正面和反面的信息。

A组观察身份证正面和反面的信息。

B组观察身份证反面的信息。

C组观察身份证反面的信息。

观察完成后，请各个小组的学生分享发现的个人身份信息有什么？教师在黑板上分别板书：姓名、民族、出生日期等。

（三）区分信息、填写表格

1. 区分不同信息

教师重点展示身份证反面（人像面）图片的课件，请同学上讲台在板书中圈一圈身份证中的信息。教师指导学生复习身份证反面的姓名、性别等信息。

2. 学习民族信息

教师向学生介绍中国有56个民族，56个民族是一家，缺一不可。让学生读一读自己的民族信息，向学生介绍。进行班级内调查，了解班级有没有少数民族的同学。

3. 个人信息填写

教师分发学习单（个人信息表，分3组），指导学生对照自己的身份证复印件材料完成学习单。

A组学生独立完成学习单。

B组学生可以在教师指导下填写学习单。

C组学生可以在教师辅助下完成个人信息的指认。

（四）分享评价、拓展延伸

1. 课堂练习评价

教师经过学生同意展示其学习任务单，对学生个人信息填写逐一进行评价。完成展示点评后，向学生提示，指认身份证正面信息。

2. 拓展能力提升

在身份证正面有签发机关和有效期限两个重要信息。按照国家规定，未满十六周岁领取身份证的，证件有限期为五年。学生需要注意自己的身份证有效期所在的时间范围，身份证是否仍然有效。

（五）回顾总结、布置作业

1. 总结所学内容

大家可以通过查看身份证填写自己的民族、出生日期等身份信息。

2. 布置回家作业

回家看看自己爸爸妈妈的身份证上的出生日期分别是哪天。

3. 组织学生下课

下课，起立，同学们再见。

秦铭欢，硕士，现任深圳市第二特殊教育学校教导处干事、教研组组长，课程建设工作小组专干、班主任。曾先后获得广东省特殊教育专业学术年会优秀论文特等奖等荣誉称号。发表各类学术论文19篇，参编《特殊教育学校学科教学法》等书籍8本，参与省级科研项目6项。

6.惠州特产——龙门米饼

璩泰毅

设计心语： 生活适应课程是一门具有生活性、实践性、开放性等特点，立足于学生当前及未来生活需求，以培养学生生活适应能力为目的的课程。2016年版培智生活适应课标指出：中年级段（四至六年级）在家庭生活中，愿意分担力所能及的家务。在国家与世界文化中初步了解一些我国的传统民间艺术，使学生参与文化生活、体验风土人情。龙门米饼在日常生活中简单易得，贴近生活，特点鲜明，是一个很好的学习和传承惠州本地特色文化的切入点。

【课题名称】

惠州特产——龙门米饼

【任教学科】

生活适应

【任教年级】

培智学校六年级

【任教课时】

第2课时（共2课时）

【教材版本】

"幸福惠州"校本课程

【教学目标】

本课以认识制作龙门米饼的原材料、学习制作龙门米饼为主要目标，通过展示龙门米饼实物，利用视、嗅、味、触等感官带领学生直观了解龙门米饼的特点，认识龙门米饼的制作原料，并通过教学生学习制作龙门米饼来进一步锻炼学生的动手能力。

本节课主要设定以下目标。

（1）认识制作龙门米饼所需原料：大米、花生、芝麻；

（2）初步掌握制作龙门米饼的步骤：搅拌—填饼—压实—脱模；

（3）通过动手劳动，体验成功制作龙门米饼的成就感，加强学生对家乡美食的认同感，使学生萌发热爱家乡的美好情感。

并根据学生情况，适当调整难度。

A层：能在教师指导下，认出原料名称，独立完成制饼；

B层：能在教师辅助下，说出原料名称，完成制饼；

C层：能跟随教师指出原料对应图片，在教师辅助下完成制饼。

【教学重点】

认识龙门米饼的制作原料，学习制作龙门米饼的步骤，并鼓励学生在教师的指导与辅助下动手尝试制作。

【教学难点】

学会制作龙门米饼的详细步骤（搅拌—填饼—压实—脱模）。

【教学准备】

1. 希沃白板及课件；2. 龙门米饼成品；3. 龙门米饼原料（大米粉、糖浆、花生碎、黑芝麻）；4. 制作工具（一次性手套、小盆、筷子、小锤、模具、保鲜膜）。

【教学过程】

（一）组织上课

上课起立，师生问好，强调课堂纪律。

（二）复习导入，引出新课

教师展示龙门米饼图片和实物，利用视、嗅、味、触多感官让学生回忆第一课时所学内容：龙门米饼的形状、颜色、味道、寓意，引出新课——制作龙门米饼，并板书。

（三）新授

1. 第一个环节：认识原材料

教师准备制作龙门米饼的材料，依次展示原料图片和加工后的实物，教学生认识大米、花生、芝麻。

A组：认读汉字，并能找到对应图片；

B组：能说出图片代表的原料名称；

C组：能找出教师所说材料的图片。

通过希沃小游戏，加深学生记忆。

2. 第二个环节：打饼（本环节是本节课的重难点）

（1）准备

将学生分成A组学生组，B、C组学生交叉分组（两名B组+一名C组），分发、指导学生戴好一次性手套，并在操作台（或课桌）上铺设保鲜膜，保证操作过程干净、卫生，此步骤可由助教老师辅助完成。

（2）初步学习

教师先放视频展示，然后用动手演示、语言描述等方法教学生了解、记忆制饼过程：先将大米粉、花生碎、芝麻用糖浆搅拌成馅料，然后在模具里填入拌好的馅料，再用木柄小锤把馅料压实，最后脱模，一个完整的龙门米饼就做好了。

（3）分步操作

搅拌

教师再次示范并强调此步骤的操作流程：将糖浆少量多次倒入盆中，将米粉、花生碎、芝麻顺时针搅拌均匀至手捏成团轻压散开即可。

教师将课前准备按比例分装好的原料分发给小组，小组学生在视频提示和主、助教辅助下完成搅拌，并及时鼓励与肯定。

填饼

教师指导学生将拌好的馅料填入模具，分量要在填满空隙后略多出一些，部分学生可由助教老师协助完成。

压实

馅料朝上，学生手持木柄小锤从模具中间向四周将馅料压平压紧，在使用小锤敲击的过程中，教师要全程关注，以免发生意外伤害。

脱模

在压实后，将馅料朝下，用小锤轻敲模具边缘将米饼完成脱模。

整个环节完成后，分别展示学生成品，并给予肯定。

3. 第三个环节：练习

学生按小组进行计时练习，"剩下的时间请同学们继续练习，我们看看在10分钟内，哪个小组做得又快又好"。由助教老师协助B、C组完成；主教老师按步骤分发材料，每完成一步分发下一步的工具，脱模后的成品及时收回。

练习结束后，组织学生清理桌面，将垃圾整理后放置在指定位置。

在每一步骤完成时及时给予肯定，提高学生的积极性，锻炼学生的动手能力。

（四）小结和作业

同学们，我们这节课复习了龙门米饼长什么样子，是什么味道的，学习了龙门米饼制作都需要什么材料，还试着制作了龙门米饼，大家真棒！

课后大家可以把自己的劳动成果带回家和爸爸妈妈一起分享！

（五）组织下课

下课起立，师生道别。

需要注意的是，制作材料中含有花生等致敏原成分，师生在使（食）用时要注意安全，谨防意外。

设计者简介

璩泰毅，龙门县特殊教育学校一线骨干教师，从事特殊教育工作四年，有丰富的教育教学经验，2021年12月在2021年福田区"融合教育故事征集"活动中所写的《在社交中成长》荣获小学组一等奖；2022年6月在2022年福田区融合教育优质资源征集活动中所写的《"齐头并进·共建和谐校园"上沙小学融合教育主题活动》获"融合教育主题案例"一等奖；2023年3月在"幸福惠州"课程同课异构活动（说课）中，荣获二等奖。

4

第四章

劳动技能

劳动技能课程是培智学校义务教育阶段的一般性课程。本课程以培养培智学校学生（以下简称"学生"）简单的劳动技能为主，对学生进行职前劳动的知识和技能教育，通过劳动技能的训练，培养学生的劳动意识，学生形成热爱劳动的情感，掌握一定的劳动知识与技能，养成良好的劳动习惯。

第一节　性质理念

一、课程性质

劳动技能课程是以学生获得积极的劳动体验，形成良好的劳动意识和劳动习惯，掌握生活必备的劳动技能，提高社会适应能力为目标，且以实践学习为特征的必修课程。课程具有以下性质。

1. 实践性

实践性是劳动技能课程区别于其他课程的最大特点，它要求学生通过亲身实践的直接经验获得劳动技能和劳动体验。本课程基于"做中学"和"学中做"，强调知行统一、手脑并用，注重让学生在操作、体验、探究和解决问题的过程中获得直接经验，改善身心功能，提高知识和技能的运用能力，形成良好的道德品质，促进身心发展。

2. 生活性

生活性是指劳动技能课程实施过程中学生在教师指导下体验生活、参与生活、适应生活。本课程以学生的生活环境为依托，课程的资源来源于生活，以当地的经济、社会和文化环境为背景，选择生活中必备且对学生发展有益的劳动技能作为核心教育资源组织和设计活动。在学习过程中指导学生把所学知识与技能应用于生活，提高生活能力，以正确的价值观引导学生在生活中成长和发展。

3. 综合性

综合性是指劳动技能课程具有多学科交叉融合的特性。本课程与生活适应课程内容结合紧密，并且与生活语文、生活数学、绘画手工和康复训练等课程有一定联系。劳动技能的学习需要学生综合运用语文、数学等相关学科知识和认知、运动、沟通等多种能力，通过手脑并用的操作活动改善身心功能，实现知识的内化和技能的掌握。

4. 开放性

开放性是指劳动技能课程的内容、教学方法等具有开放的特点。本课程既要立足学生现实生活，又要关注未来发展的需要；既要考虑课程的普适性，又要考虑学生生活环境的特殊性；既要适应当今社会的生活需求，又要体现未来发展趋势。教学的设计与安排要富有弹性和开放性，体现多样性和选择性。

二、课程理念

劳动技能课程要坚持育人为本，培养学生劳动技能，提高劳动素养，锻炼意志品质，促进身心康复，增强生活能力。本课程的建设遵循以下理念。

1. 关注学生生活需求

学生的生活能力源于对周边生活的认识、体验和感悟，生活环境和生活经历对学生成长具有重要意义，满足学生生活需求是本课程的出发点和落脚点。本课程学习的知识和技能要为学生参与社会生活服务，课程实施要成为学生体验生活、习得技能、改善功能和提高生活能力的过程。

2. 尊重学生个体差异

学生残疾程度不一，类型多样。本课程强调从学生发展现状和叫行性出发，面向全体学生，关注个体差异，根据学生的能力水平和特殊需要制定课程目标，确定课程内容和方法，开展教学。

3. 突出学生实践体验

本课程要以学生家庭生活、学校生活、社区生活和社会生活为背景，以劳动项目为载体，充分利用有效资源，通过多种途径引导学生体验和实践，使学生获得服务自我、服务他人、适应社会的劳动知识和基本的劳动技能。

4. 提高学生劳动素养

本课程要注重学生劳动素养的养成，在掌握基本劳动技能的同时，获得成功的劳动体验，增强劳动意识，养成劳动习惯，学会沟通与合作，形成良好品德和健康的心态，获得综合运用的劳动技能能力。

5. 促进学生综合康复

本课程要着眼于学生的潜能开发和功能改善，借助现代医学和康复技术的新成果，使学生在劳动过程中动手动脑，提高动作感觉水平，发展认知能力和沟通交往能力，形成自信乐观的生活态度，促进身心康复。

第二节　课程目标

学生通过对自我服务劳动、家务劳动、公益劳动和简单生产劳动技能的学习，培育独立或半独立的生活能力，为其平等参与社会生活和就业打基础。

1. 知识与技能目标

掌握自我服务劳动、家务劳动和公益劳动的知识与技能；认识常见的材料和工具，掌握简单的加工技术；初步掌握一门简单的通用生产技术；初步了解残疾人劳动就业的相关知识和求职的方法、技巧。

2. 过程与方法目标

能协调运用肢体和感官参与活动，观察和分析事物；具有对劳动技能进行模仿和实际操作的能力；改善认知功能，提高精细动作水平和交流合作能力；自觉遵守劳动安全规则；养成良好的劳动习惯；初步具有独立或半独立生活的能力。

3. 情感态度与价值观目标

通过丰富的劳动体验，初步形成对劳动的正确认识；使学生具有热爱劳动、热爱人民、热爱生活、热爱家乡的思想感情；具有认真负责、遵守纪律、勤俭节约、爱护公物、珍惜劳动成果、团结协作的品质；具有劳动意识和良好的意志品质；具有一定的质量意识、安全意识、审美意识、环保意识和法律意识。

第三节　教学设计

1. 我会叠裤子

吴嘉丽

设计心语：《我会叠裤子》是根据《培智学校义务教育劳动技能课程标准（2016年版）》在中年级设置的课程目标："折叠薄厚适中的衣物"（知识与技能目标）；"掌握规范的操作程序，眼、手、脑协调配合，提高精细动作对平"（过程与方法目标）；"对劳动感兴趣，主动参与劳动"（情感态度与价值观目标）。在"自我服务劳动技能"类别洗涤物品项目中选取"折叠薄厚适中的衣服"的课程内容。

根据课标的要求，结合9名特殊学生"劳动技能不高、劳动意识不强"的情况，自编单元"我会叠衣服"，旨在指导学生掌握折叠衣服的技能，培养学生形成劳动意识和热爱劳动的情感，初步养成良好的劳动习惯。

以下是本单元的主要内容。

单元一：认识衣物，共6课时。主要内容是认识常见的衣物（短袖、长袖、外套、裤子等）、认识衣物的组成（衣领、衣袖、衣身、裤兜、裤腿、拉链、纽扣等）、认识衣服的前与后。

单元二：我会叠上衣，共10课时。主要内容是叠短袖、长袖、带拉链外套、带纽扣外套、带帽子卫衣等。

单元三：我会叠裤子，共6课时。主要内容是叠长短裤、叠裙子等。

单元四：我会叠袜子，共4课时。主要内容是叠袜子。

本节课为第三单元"我会叠裤子"的第1课时，重点指导学生通过"1. 放平；2. 对折；3. 对折；4. 对折"的口诀折叠裤子。

【课题名称】

我会叠裤子

【任教学科】

劳动技能

【任教年级】

培智学校四年级

【任教课时】

第1课时

【教材版本】

依据《培智学校义务教育劳动技能课程标准（2016年版）》自编

【教学目标】

1. 班级共性目标

认识裤子组成部分的名称。能够说出或排列叠裤子的步骤。能够按照流程图叠裤子。

2. 个人学习目标

目标/学生	A	B	C	D	E	F	G	H	I
说出裤子的组成部分的名称	√	√√	√	√	√	√	辅助下完成	辅助下完成	能够指认裤子
能够说出或排列裤子的步骤	√	√√	√	独立说出1~2个步骤	独立说出1~2个步骤	辅助下完成	辅助下完成	辅助下完成	□
能够按照流程图叠裤子	√	√	√	独立完成倒数1~2个步骤	独立完成倒数1~2个步骤	独立完成最后1个步骤	独立完成最后1个步骤	独立完成最后1个步骤	辅助下完成最后一步

【教学重点】

能够说出或排列叠裤子的步骤并按照流程图叠裤子。

【教学难点】

通过任务分析法将叠裤子的技能进行拆分；通过视频示范、教师动作示范、语言提示和流程图提供技能学习的支持；通过逆向连锁法，逐步塑造技能。

【教学准备】

希沃课件、裤子若干、裤子图片、叠裤子技能步骤图文字卡、技能流程图9张、任务卡9张、平板电脑3台。

【教学流程】

（一）准备活动

1. 课堂问好

2. 导入

（1）找物品情境游戏（从学生已有经验导入）

今天我们要学习一项新技能，在学习之前，我请同学猜一猜它是什么？

（教师在黑板画出裤子的简笔画）

小明是一个丢三落四经常找不到自己的东西的同学，这一次，他又找不到自己的贴纸了，你能根据线索帮他找一找吗？

①小明将托马斯汽车贴纸放在裤兜里面了，你能帮他找一找吗？

②小明同学找不到自己最喜欢的小猪佩奇的贴纸了，你能帮他找一找在哪里吗？（出示贴有小猪佩奇贴纸的裤子）

③小明同学还有一个熊二的贴纸找不到了，你能帮他找一找吗？（出示贴有熊二贴纸的裤子）

每找到一个物品，教师都要板书裤子组成部分的名称。

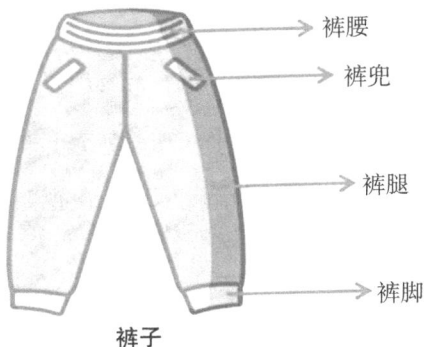

裤子

支持策略：使用视觉提示策略，提供裤子表象的相关线索。

（2）裤子版萝卜蹲接龙游戏（2分钟）

裤子有裤兜、裤腰、裤腿和裤脚，你们都记住了吗？我们一起来玩一个找裤子接龙游戏吧。（通过游戏检测学生的目标达成状况）

"找裤子，找裤子，找完裤子找裤兜；找裤兜，找裤兜，找完裤兜找裤腰；找裤腰，找裤腰，找完裤腰找裤腿。"请学生自行按照规则说出并找到相应的部分。

支持策略：对B层学生提供从少到多的语言提示；对C层学生提供肢体辅助（协助教师指令：指一指裤子）。

（二）发展活动

1. 新知学习

（1）看图说话——观察怎样才是叠好的裤子，确定技能结果标准

小明的妈妈打开了小明的房间一看，发现小明的裤子到处乱放，非常生气，要求小明把自己的裤子叠好，小明叠了裤子。（提供两张图片，一张随便叠，一张叠整齐）请同学们看看，哪一张图片你觉得裤子叠整齐、叠好了呢？（教师进行PPT展示请学生指认）

支持策略：视觉支持策略、及时反馈策略、语言提示

（2）看视频说步骤——观察并总结归纳叠裤子步骤

原来叠得不整齐的裤子是小明叠的，因为叠得很随便，所以当小明想要穿裤子的时候，发现自己的裤子皱巴巴的，太难看了。（呈现穿皱巴巴裤子的小明图片）他觉得非常后悔，想要好好学习叠裤子。同学们，你能说说怎样叠裤子吗？

今天吴老师把小明家里的裤子带过来了，现在我想请同学们一起来看一个小视频，看完之后帮我说一说怎样叠裤子。观看2次视频。（教师板书"怎样叠裤子"）

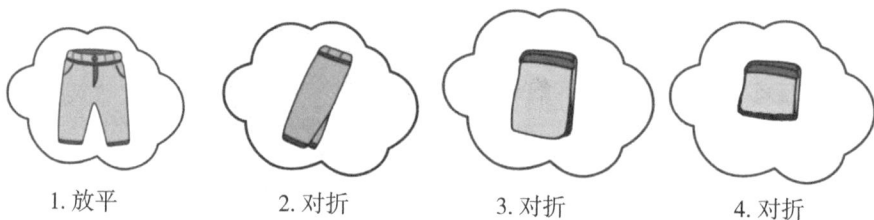

1. 放平　　　2. 对折　　　3. 对折　　　4. 对折

（学生总结时教师将图文步骤图张贴在黑板上）

（3）手、眼、口动起来接龙步骤——结合动作强化记忆

教师一边带读步骤，一边用手做动作。请学生接龙读并做动作。

（4）练习

将叠裤子的步骤进行排序。

（5）根据流程图叠裤子

同学们知道叠裤子的步骤了，接下来请同学们一起来看一看，做一做。

①技能拆分并示范（准备一条做了标记的裤子）。

②学生说步骤，教师做示范（教师录像投屏）。

③学生说步骤，学生做示范。

④教师点评（教师投屏录像）。

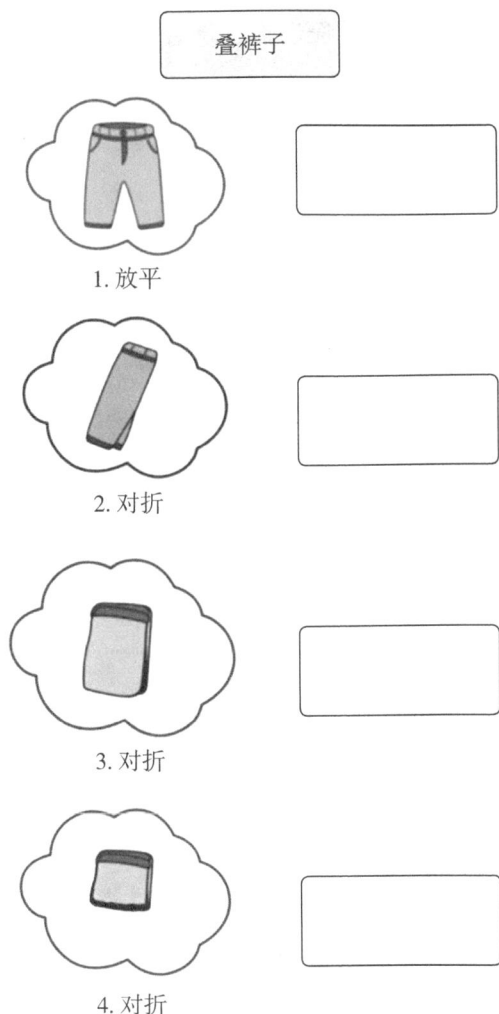

叠裤子

1. 放平

2. 对折

3. 对折

4. 对折

2. 巩固迁移，进行叠裤子练习并点评

今天教师把小明房间里面乱糟糟的裤子带来了，请同学们分小组合作，帮小明把裤子叠整齐。我们看看哪个小组能够当小明同学的小老师。

教师公布小组名单，并发放任务卡，每个小组有3条裤子，介绍不同小组任务卡的内容。（把学生任务目标发给协助教师，辅助学生完成练习）

提供三个小组名牌名称，学生自选异质分组合作叠裤子。教师录屏投屏。

点评小结：对三个小组的成果进行拍照，学生自行投票点评，送上自己的笑脸，对每一组叠裤子的过程进行投屏并点评。根据结果颁发贴纸，培养学生劳动兴趣。

支持策略：根据学生不同层次，提供不同提示程度的裤子。A层无记号，B、C层提供记号。

（三）综合活动

（1）点评学生这节课的表现并进行表扬。

（2）根据板书总结本节课所学习的内容。

（3）发放任务卡，请学生回家和家长一起完成并拍视频分享。

设计者简介

吴嘉丽，华东师范大学，硕士。现在深圳市南山区龙苑学校工作，曾获2021—2022年度南山区"优秀教师"称号。

2. 我会洗碗

高燕玲

设计心语：《培智学校义务教育劳动技能课程标准（2016年版）》指出，劳动技能课程以培养学生简单的劳动技能为主，对学生进行职前劳动的知识和技能教育，通过劳动技能的训练，培养学生的劳动意识，形成热爱劳动的情感，使学生掌握一定的劳动知识与技能，养成良好的劳动习惯。课程在中年段以个体和家庭为中心，进一步引导学生提高自我服务劳动技能和家务劳动技能，增强学生劳动兴趣，使学生形成良好的劳动态度，培养学生热爱劳动的情感，使学生初步具有解决实际问题的应用能力。基于此，结合学生个别化教育计划中的长期目标（能使用、整理或清洗个人物品；能打扫、整理家庭环境和校内环境；形成参与劳动的意识，初步具有不怕挫折、克服困难的意志品质）以及短期目标（能坚持每天洗毛巾；能坚持每天晒衣服；能使用洗衣机清洗衣物；能刷洗鞋子；等等），拟定本单元的主题为"我会洗……"。《我会洗碗》是该单元主题的第四部分内容。学生在学习了我会洗毛巾、我会洗衣服、我会洗鞋子的基础上学习本课。

【课题名称】

我会洗碗

【任教学科】

劳动技能

【任教年级】

培智学校四年级

【任教课时】

第2课时

【教材版本】

无教材，遵循《培智学校义务教育劳动技能课程标准（2016年版）》，开展单元主题教学。

【教学目标】

本课以日常居家餐后整理为切入点，利用有趣的"看一看"、自由的"说一说"、深入的"学一学"、丰富的"练一练"层层递进，通过示范视频、希沃游戏等资源，引导学生认识洗碗所用的物品，掌握洗碗的方法与步骤以及其他注意事项，教导学生按照要求把碗洗干净，使学生初步具备基本的安全卫生意识，从而提高实际生活中"居家安全卫生"的能力。设置目标如下。

1. 知识与技能目标

A层：学生能够独立说出洗碗所用的物品，并将碗洗干净。

B层：学生能够独立说出洗碗所用的物品，并在教师示范提示下完成洗碗。

C层：学生能够独立指认洗碗所用的物品，并在少量肢体协助下参与洗碗。

2. 过程与方法目标

学生能够在观察、模仿、实践中认识洗碗物品，掌握洗碗技能，理解清洗技能的重要性。

3. 情感态度与价值观目标

学生能够主动参与劳动，初步形成正确的劳动价值观，并具备一定的质量意识、安全意识和环保意识。

4. 潜能开发目标

激发学生成为居家生活小能手。

【教学重点】

（1）认识洗碗所用的物品。

（2）掌握洗碗的正确方法与步骤。

【教学难点】

愿意洗碗，并将碗洗干净。

【教学准备】

希沃课件、音视频、碗、水、水槽、盆子、洗洁精、抹布、拖把、图片、磁力贴。

【教学过程】

（一）履行约定，遵守常规

1. 教师活动

教师与学生相互问好，并向学生表明对课堂的期待：欢迎来到高老师的劳动技能课堂！希望同学们在课堂中能够做到安坐倾听勤思考，及时练习巩固好。

2. 学生活动

A层：能主动向老师问好，保持良好的安坐习惯，了解课堂规则。

B层：能在提示下向老师问好，保持较好的安坐习惯，初步了解课堂规则。

C层：能在提示下起立并向老师问好，能安坐。

设计意图：运用"罗森塔尔效应"表达对本节课的目标行为的期待，以赏识的眼光看待学生，帮助学生树立"我能做到"的自信心。

（二）观察回答，导入课题

1. 教师活动

（1）教师呈现餐后照片，请学生观察，提问：你们看到了什么？

（2）教师：对了，有碗、盘子、勺子、杯子还有水龙头。同学们观察得真仔细，高老师给你们点赞！

（3）教师：现在，请同学们再仔细分辨分辨，这些碗、盘子、勺子、杯子是干干净净的？还是脏兮兮的呀？

（4）教师：对了，它们看起来脏兮兮的，布满了油渍和污渍。

（5）教师：那你们平时饭后会帮忙洗碗吗？请说一说自己是怎样洗碗的。

（6）教师：其实，洗碗并不复杂。现在，你们渐渐长大了，应该学着洗碗了。今天我们就一起来学习这个新本领——洗碗。

（7）教师粘贴课题：我会洗碗。

2. 学生活动

A层：非常认真倾听、观看，能主动对周围环境事物表示关注；能主动积极回应老师；能在指字下独立开口大声读课题。预设：碗、盘子、勺子、杯子、水龙头。

B层：比较认真倾听、观看，能对周围环境熟悉的事物表示关注；能比较积极回应老师；能在指字、口语提示下开口读课题。预设：碗、盘子、勺子。

C层：能安坐倾听、观看；能在指字、口语提示下回应问题。

设计意图：共设置了2张学生熟悉的餐后照片。当点击图片时，会以动画的方式出现"○"，以此作为答案的视觉提示，旨在提高学生的注意力和兴趣度，引导其观察和思考。

（三）观察模仿，讲练新知

1. 教师活动

（1）认识洗碗所用的物品

① 这是水槽，几乎家家户户的厨房里都有。我们可以在水槽里面洗碗，也可以在盆子里面洗碗。

② 这是洗洁精，可以很好地去除上面附着的油渍和污渍。

③ 这是抹布，这是海绵擦。洗碗时，我们可以使用抹布或海绵擦全方位地擦洗碗。

（2）请学生完成练习题1

认一认，选一选。请选出洗碗所用的物品。

（3）学习洗碗的方法与步骤

① 把碗中的食物残渣倒掉。我们可以准备一个垃圾袋，专门装厨余垃圾。

② 把碗放到水槽里，打开水龙头简单冲洗后倒入适量洗洁精，用海绵擦擦洗碗的里面、外面和底部。

③打开水龙头，用流动的清水冲洗，直到泡沫冲洗干净。

④用干净的抹布擦干碗上附着的水，将碗一一放进橱柜。

（4）强调洗碗的注意事项

①洗碗时要轻拿轻放，以免损坏碗，划伤手指。

②洗碗的水尽可能不要溢出来，以免地面湿滑，走路滑倒。实在无法避免溢出水时，应及时使用拖把将地面拖干净。

③洗碗时不够高，与水槽有距离。可以借助凳子来站高一点，方便操作。同学们一定要站稳、注意安全哦！

（5）请学生完成练习题2

学一学，做一做。请根据正确的方法与步骤洗碗。

（6）请学生完成练习题3

看一看，评一评。请判断句子描述的行为是否正确。

2. 学生活动

A层：认真倾听，主动积极回应老师，能独立大声地回答大部分问题，个别问题需要在少量口语提示下回答；能独立完成课堂练习。

B层：认真倾听，比较积极回应老师；能独立大声地回答部分问题，一些问题需要在较多口语提示下回答以及通过视觉提示来理解；在提示下能完成课堂练习。

C层：安坐，认真倾听；能在口语提示下回答简单问题；能在部分肢体协助下参与课堂，完成课堂练习。

设计意图：充分运用了课件动画、音频、旁白、视频等元素，清晰地呈现洗碗所需的各种物品、各个步骤以及注意事项，帮助学生理解。同时，通过希沃游戏和实践操作，学生以此加深对洗碗所用的物品的认识，巩固洗碗的技能以及判断洗碗行为的对错。单击个别图片，会出示"○"，表明这是需要着重强调或需要特别注意的地方。

（四）梳理主线，深化主题

1. 教师活动

同学们，今天我们又学会了一项新本领——洗碗。洗碗时要细心、耐心，里里外外都要擦洗干净，不能马虎。立刻行动起来吧！让爸爸妈妈也看到你们的进步，加油哦！

2. 学生活动

A层：认真倾听，主动积极回应老师。

B层：认真倾听，比较积极回应老师。

C层：安坐，认真倾听。

设计意图：运用思维导图梳理教学主线，小结新授内容，并搭配视频旁白解说，更能促进学生的理解和记忆。

（五）反思评判，继续改进

1. 教师活动

教师呈现学习评价表，请学生与家长共同完成。

2. 学生活动

A层：主动积极完成评价。

B层：在提示下能够完成评价。

C层：在部分肢体协助下能够完成评价。

设计意图：学生自评是一种反思；家长评价是一种看见；多方共同评价能使数据更为客观，效果更为真实，从而更能明确教学调整改进的方向。

设计者简介

高燕玲，中共党员，硕士，一级教师，现任深圳市宝安区星光学校教学处副主任，广东省陈丽江名师工作室入室学员。先后获得全国师生信息素养提升实践活动微课"研讨作品"奖、中国教育技术协会中小学委员会之信息技术成果征集活动微课一等奖、广东省教育"双融双创"教师信息素养提升实践活动微课一等奖、广东省融合教育优质资源征集活动·论文二等奖、广东省特殊教育优秀教师、深圳市基础教育系统名师工程"教坛新秀"、深圳市青年教师基本功大赛二等奖、宝安区优秀教师等区级及以上荣誉奖项共38项。参与深圳市中小学在线教学资源包建设生活适应学科授课与审课工作。主持区级课题1项（已结题），主持市级课题1项（在研中），参编著作3项，以主要成员参与省、市、区级课题研究多项、广东省特殊教育精品课程建设1项、广东省特殊教育内涵建设示范项目1项，发表、获奖、入库及收录学术论文多篇。

3. 更换遥控器电池

孙明昊

设计心语：本节课的内容选自《全日制培智学校劳动技能教科书（中年级）》中五年级第11课《电视机的使用》，在上一课时学生已经学习了如何使用电视遥控器来遥控选择电视节目，本节课学习引申内容"更换电池遥控器"。

由于本课的受众群体为特殊教育学校学生，内容讲解需要教师"循循善诱"地引导，整个教学过程我采用的是一条由"提问—思考—解答—操作—课后练习"几个环节组成的逻辑线，通过循序渐进的学习过程，引导学生培养"发现问题—思考如何解决问题—技能练习"的自主学习能力。

我设计的教学思路是：①由遥控器使用导入，提出问题"为什么电视遥控器不能选节目了"。②引发思考"原来是遥控器没有安装电池"。③通过视频学习"更换电视遥控器电池的方法"。④详细讲解部分又分为"区分电池大小"和"区分电池的正负极"。⑤最后强调"没电的电池不能乱扔，要注意分类投放到灰色的其他垃圾桶里"，与之前学过的垃圾分类内容横向关联，扩展知识的广度。⑥最后再通过课后练习的要求，让学生在家自主练习，强化巩固知识的吸收。

在设计课件的时候，我把教学视频置放在电视图片之上，使我们的特殊学生在观看教学视频的时候更有看电视的感觉，契合课题。

【课题名称】

更换遥控器电池

【任教学科】

劳动技能

【任教年级】

培智学校六年级

【任教课时】

第2课时（共4课时）

【教材版本】

全日制培智学校劳动技能教科书（试用本）中年级第11课

【教学目标】

1. 知识与技能

A、B组：掌握给电视遥控器更换电池的通用方法。

C组：能了解遥控器没电了需要更换电池。

2. 过程与方法

A、B组：掌握给电视遥控器更换电池的通用方法。

C组：能在辅助下掌握给遥控器换电池的动作。

3. 情感态度与价值观

A、B、C组：通过劳动体验养成日常居家的劳动意识，形成一定的环保意识（废旧电池分类投放）。

【教学重点】

区分5号电池和7号电池的大小。

【教学难点】

安装电池时区分电池的正负极。

【教学准备】

电视遥控器一个，5号和7号干电池各两节。

【教学过程】

（一）导入环节

1. 视频导入

教师通过上一课题学习的使用电视遥控器选择电视节目这一内容，展示事先录制好的视频，提出问题"电视遥控器怎么不能选节目了呢"。

2. 带着问题看视频导入新课

带着上一个问题观看下一个准备好的视频"电视遥控器没有安装电池"。

设计意图：通过易于理解的操作类教学视频，引导学生自己代入思考，找出课题。

（二）新授环节

1.视频讲解

教师通过把视频放在电视的图案背景上，引导学生以"看电视"的感觉来学习"更换遥控器电池"的视频。

2.视频内容分解

（1）区分电池大小

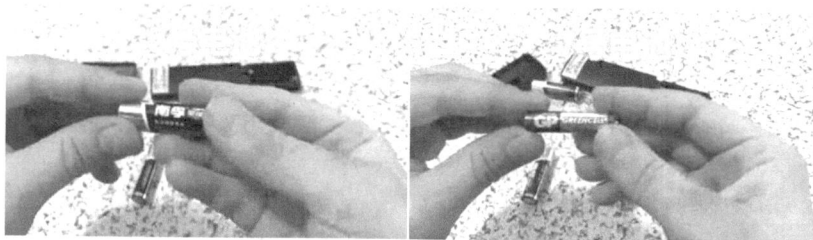

（2）区分电池正负极

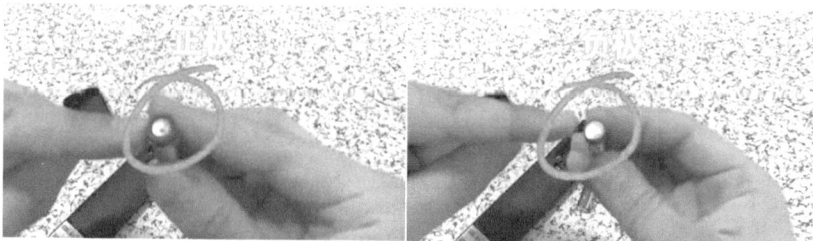

（3）区分电池的安装方向

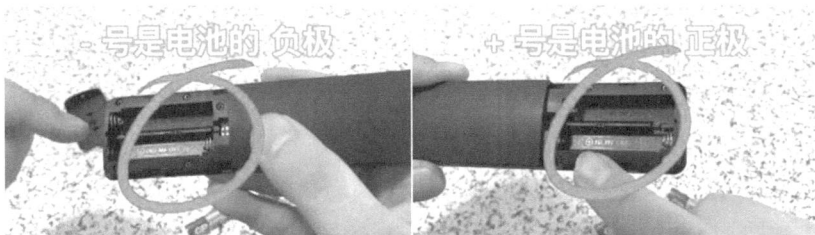

（4）教师强调安装电池时，电池的负极要对准电池盒上的弹簧

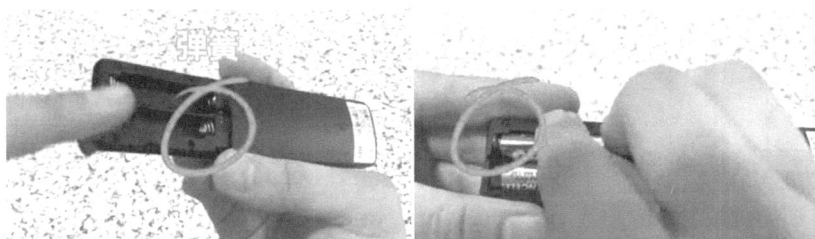

设计意图：通过整体讲解的视频让学生对更换电池的过程先有一个整体的认识。

（三）巩固讲解

1. 区分5号电池和7号电池

（1）教师通过直观的电池图片和电池实物对比，让学生实际感受5号电池和7号电池在大小方面的区别以及如何寻找二者数字标号的差别。

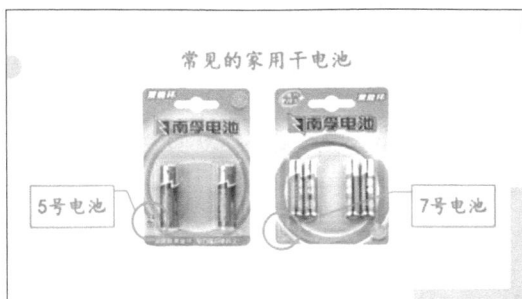

（2）通过电池对比，发现5号电池和7号电池的大小（区别），学生可以直观地发现，5号电池比7号电池大一点。

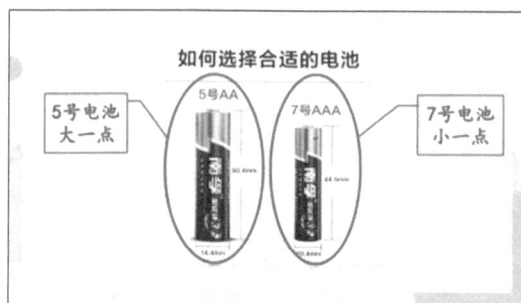

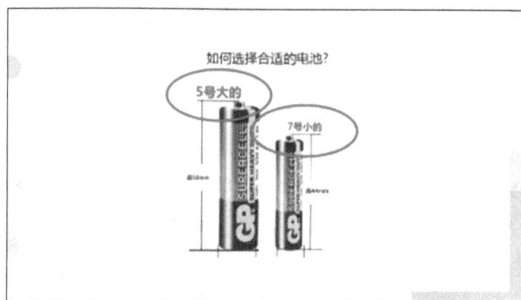

2. 区分电池的正负极

（1）教师先强调如果电池装反会损坏遥控器，然后展示图片标记，并用电池实物让学生观察，在电池上正极有"+"号标记，负极有"-"号标记。

（2）然后通过观察电池盒上"+""-"的标记，教师强调安装电池要注意方向，电池上的正负极"+""-"标记要和电池盒上的"+""-"标记对应。

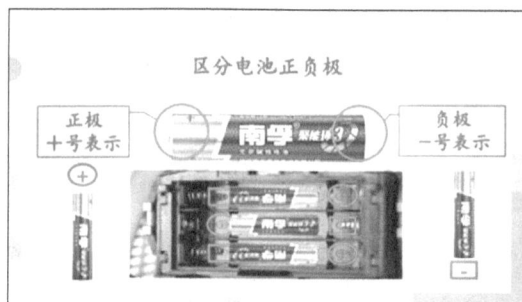

设计意图：通过图片和实物的详细拆分讲解，强调本节课的重难点，强化学生对知识点的掌握，而且练习安装电池的过程有助于培智类特殊学生精细动作的锻炼。

（四）扩展延伸

教师语言引导学生回忆曾经学习过的垃圾分类知识，让学生自己说出干电池属于其他垃圾，要扔进灰色的其他垃圾桶，并提醒学生注意提高日常生活中的环保意识。

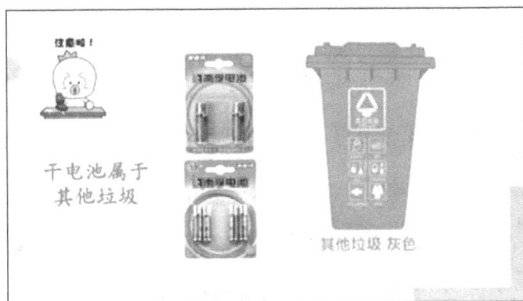

设计意图： 通过知识的扩展，引出本课情感态度与价值观的教学目标，即使用电池和日常垃圾分类的关联，提升日常生活中的环境保护意识。

（五）课后练习

教师布置三条练习要求学生下课后巩固。

（1）尝试自己区分5号电池和7号电池。

（2）按照电池正负极的正确方向给家里的电视遥控器安装电池。

（3）强调没电的干电池要扔进其他垃圾桶。

设计意图： 通过布置课后练习的方式总结归纳本节课的学习内容。

设计者简介

孙明昊，深圳市福田区竹香学校教师，福田区优秀班主任，所带班级获评福田区文明班级。曾获福田区"2020在线教学成果评比"活动小学组特等奖，2022年福田区中小学"在线教学"优秀课例征集活动特教组一等奖，深圳市教育教学信息化大奖赛活动基础教育小学组微课三等奖，福田区教育教学信息化比赛微课项目特殊教育组二等奖，深圳市首届美育教师教学基本功比赛特殊教育组三等奖。

4. 剪窗花

柳江民

设计心语："窗花"中华传统文化的一个窗口，是令人惊叹的手艺，是值得自豪的民俗，它彰显着劳动人民的智慧，寄托着对美好生活的热爱。《剪窗花》是培智八年级校本自编教材中的内容，本课内容属于手工制作，对于充分发扬我国民间优秀艺术传统，增强学生的民族自豪感有着重要作用。通过动手折、画、剪、贴的剪纸流程打开传统手工剪纸的大门，让学生体会手工艺品给人们生活带来的美好、快乐和情趣，进一步发挥剪纸文化特有的育人功能。本课程以"做中学"和"学中做"为基础，强调知行统一、手脑并用，注重学生在操作、体验、探究和解决问题的过程中获得直接经验，改善身心功能，提高知识和技能的运用能力，形成良好的道德品质，促进身心发展。

【课题名称】

剪窗花

【任教学科】

劳动技能

【任教年级】

培智学校八年级

【任教课时】

第1课时

【教材版本】

自编校本教材

【教学目标】

培智学校学生残疾程度不一，类型多样。本课程强调从学生发展现状和可行性出发，面向全体，关注个体差异，根据学生的能力水平和特殊需要制定课程目标，确定课程内容和方法，开展教学。启智8班学生全班10人，将分为A、B、C三个层次。

1. 共性目标

知识与技能：了解民间剪纸的特点，掌握窗花的折叠方法和剪窗花的方法。

过程与方法：通过欣赏民间窗花了解中国剪纸艺术，并通过掌握制作方法，提高动手能力。

情感、态度与价值观：感受中国传统民间艺术的独特美感，培养热爱祖国传统文化的情感。

2. 差异目标

A组：了解什么是窗花以及窗花在生活中的应用，掌握窗花的折叠方法和画、剪窗花的方法，正确地使用剪刀剪窗花。掌握贴窗花的方法。

B组：了解什么是窗花以及窗花在生活中的应用，在老师的协助下能够掌握正确地折叠方法，在老师的辅助下剪窗花以及掌握贴窗花的方法。

C组：在老师的辅助下折纸，能在老师的辅助下贴窗花。

【教学重点】

学生能够掌握剪窗花的方法。

【教学难点】

能够正确地使用剪刀学习剪窗花。

【教学准备】

卡纸、剪刀、铅笔、橡皮擦、胶水。

【教学过程】

（一）激趣导入

1. 教师活动

教师播放《贴窗花》动画视频，并提问学生这个视频带给你什么感受。

2. 学生活动（包含差异性活动）

A、B层学生能够回答出从视频中看到过年时人们在浓烈的新年气氛中装扮房屋。了解剪窗花、贴窗花是我们国家传统的风俗。C层学生能够认真观看视频。

设计意图：通过视频、图片激发学生的学习兴趣，了解窗花的基本知识。

（二）探究新知

1. 剪窗花的"折"法

教师播放《剪窗花》动画视频，引导学生认识工具并辅助部分学生进行折法练习。

（1）学生活动

① 通过视频观察剪窗花的步骤

剪窗花的步骤：一折、二画、三剪。

学生认真观看视频剪窗花的步骤。学生观察学习折的方法。

② 认识剪窗花工具

剪刀、剪纸、铅笔、胶水。

A、B层学生能够说出工具。C层学生能够根据老师指令指认出工具。

（2）学生进行折法练习

A层学生能够按照步骤操作，B层学生用对折三次的方法，C层在老师的辅助下进行对折三次。

2. 剪窗花的"画"法

（1）教师活动

① 折好后学习用铅笔绘制图案

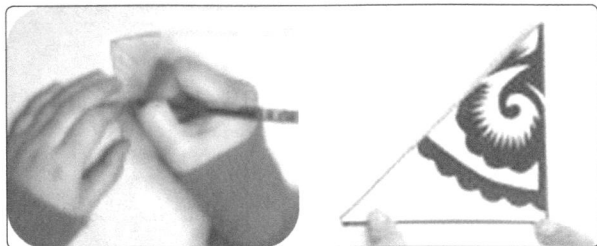

② 教师分层教学给出图案或者拓印图案

学生观察教师示范，分层制作。要求学生了解窗花绘制的基本制作技术后，选择图示，开始绘制图案。

（2）学生活动

教师辅助学生进行绘制，学生通过仿画、创造、拓印等方式，初步明确制作技术。

3. 剪窗花

学习剪窗花，明确要领。

传统窗花的制作包括"折、画、剪"步骤，同学们通过学习能够运用技能制作出精致美观的窗花。

4. 贴窗花

学生能够将自己所剪的窗花带回家装饰、美化自己的房间。

（1）将窗花背面涂上固体胶平坦地贴在玻璃上面，用手轻轻抚平。

（2）粘贴时采用局部点粘，即在适当部位，涂少量胶水即可。

此环节A、B、C层学生都能完成，教师巡回指导。

（三）展评评价

教师活动：对学生的各项技能进行评价，对学生的活动进行多元、系统的评价。

设计意图：本课程的实施要注重多学科渗透，加强劳动技能、生活适应、康复训练等课程之间的横向联系和有机整合；同时要体现多渠道实施，充分利用日常生活、社会实践等进行教学，在生活情境中强化学生对知识技能的理解和掌握，实现对知识技能的综合运用，实现对学生的多元评价。

（四）总结延伸

1. 总结

教师讲述窗花在生活中许多地方也会应用，和学生一起总结本课内容。

2. 作业

要求学生利用今天所学，和爸爸妈妈一起剪窗花，装饰房间。

设计者简介

柳江民，河源市博爱学校教师，具有强烈的事业心和高度的工作责任感。获得市级以上教学技能奖共20项，所执教的课例获得省级一等奖1个、市级一等奖4个，省级优课3节、市级优课1节，省优秀教学资源1个，指导学生参赛获得市级一等奖，校级课例、教学设计比赛均获奖。共撰写教学论文3篇，发表2篇，获奖1篇。参与3项市级课题、1项省级重点课题研究。2021年成为广东省陈丽江名师工作室入室学员。

5

第五章

唱游与律动

音乐是传承人类文化的重要载体，是人类宝贵的文化遗产和智慧结晶。唱游与律动是培智学校进行音乐教育的重要形式，是开展素质教育、实施美育的重要课程，对于开发培智学校学生潜能，促进学生身心和谐发展，提升学生生活质量具有重要意义。

第一节　性质理念

一、课程性质

唱游与律动课程是培智学校义务教育阶段的一般性课程。唱游与律动课程引领学生进入音乐艺术世界，让学生从优秀音乐作品中得到文化的熏陶和美感的滋养；培养坚强、乐观的人生态度；增强与他人沟通、交往、合作的能力；促进学生形成正确的价值观。

唱游与律动课程调动学生多感官体验，激发学生的学习兴趣，让学生获得基本的音乐知识与技能，提高学生动作的灵活性、协调性，使学生集中注意力，培养良好的行为习惯，促进学生身心和谐发展。

唱游与律动课程帮助学生学习、了解和体会音乐作品的情绪情感，激发、唤醒学生的情感共鸣和美感体验，为其平等参与、融入社会和全面发展奠定良好的基础。

二、课程理念

1. 联系生活经验，强调音乐体验

唱游与律动课程贴近学生的生活实际，利用学生的已有经验，以生动的教学形式提高学习的趣味性，引导学生感受音乐、丰富体验、有效参与，激发学生学习音乐的兴趣，使学生获得内在的音乐感受，娱悦身心，陶冶情操。

2. 重视音乐实践，发展音乐能力

唱游与律动课程重视调动学生多感官体验，积极引导学生主动参与多种形

式的音乐实践活动，学习基本的音乐基础知识和技能，提高音乐感受能力和表现能力。

3. 渗透康复理念，帮助融入社会

唱游与律动课程重视学生潜能的开发和功能限制的改善，在各教学内容和环节中渗透康复理念，促进学生听觉、语言、动作能力等方面的改善，培养学生的表现能力、沟通能力、合作意识，为学生更好地参与社会、融入社会提供帮助。

4. 面向全体学生，尊重个体差异

唱游与律动课程强调从学生发展现状和音乐能力发展的规律出发，面向全体学生，尊重学生的个体差异，关注学生的个性化需求，因材施教，使每个学生都能在教学实践中受益。

第二节 课程目标

一、总目标

通过音乐实践活动，在感受、体验音乐美感过程中，帮助学生感受、发现、领略音乐艺术的魅力，学习基本的音乐知识，获得基础的音乐能力，提高学生听觉、认知、语言、动作、沟通交往的能力，促进学生了解音乐与生活的密切关系，培养学生对音乐的兴趣和对生活的热爱，实现唱游与律动课程在育人过程中的教育和康复功能，达到娱悦学生身心、发展学生智能、陶冶学生情操、健全学生人格的目的。

二、领域目标

1. 感受与欣赏

感受与欣赏音乐是唱游与律动课程的重要领域，是音乐学习的基础。通过发现、探寻大自然和生活中的声响，激发学生兴趣；通过欣赏各种音乐艺术作品，让学生逐步养成良好的聆听习惯，感知音乐作品的艺术魅力；通过用自己的方式表达对音乐的感受和理解，积累欣赏音乐的经验，为参与社会生活中的音乐活动做准备。

2. 演唱

演唱是用唱的方式表现音乐作品，是学生易于接受和乐于参与的表现形式。学生通过演唱表现音乐作品，表达情绪和情感，学生知道基本的演唱知识，具备基本的演唱能力，在集体演唱活动中提高自信表达的能力。

3. 音乐游戏

音乐游戏是跟随音乐、语言、动作、指令、规则等进行的游戏活动。通过音乐游戏，调动学生的学习兴趣，促进学生的听觉、节奏感、音高感、结构感、创造性等各方面音乐能力的提高。

4. 律动

律动是伴随着音乐按节拍、节奏做出简单肢体动作的活动。学生通过律动活动，感受音乐要素，用各种富有韵律的动作来表现音乐，愿意参与律动创造活动，用自己创编的动作表达对音乐的理解，更好地发展学生的动作协调性、音乐表现能力和创造能力。

第三节 教学设计

小青蛙找家

王唯颖

设计心语： 依据《培智学校义务教育唱游与律动课程标准》课程理念与领域目标要求，教学中要联系生活经验，在强调音乐体验的同时，渗透康复理念。同时在教学中应突出音乐艺术的特点，强调音乐体验、发展音乐能力。

《小青蛙找家》是一首通俗简练、富有儿童情趣的歌曲。2/4拍，五声宫调式。语言浅显，旋律流畅，塑造了小青蛙天真活泼的可爱形象。我在本课的整个教学过程以故事的形式，激发学生学习兴趣，拓宽学生知识面；低年级学生喜爱模仿，乐于使用乐器参与歌曲活动。我在教学中采用打击乐器辅助情境塑造的游戏方式，使学生在学习乐曲的过程中提升音乐素养。渗透音乐康复理念，面向全体学生，尊重个体差异，提升学生音乐素养，提高学生音乐感受及音乐基

【课题名称】

小青蛙找家

【任教学科】

唱游与律动

【任教年级】

培智学校一年级

【任教课时】

第1课时（共3课时）

【教材版本】

人民教育出版社义务教育教科书音乐一年级上册

【教学目标】

（1）学生通过乐曲的学习，初步感受音乐作品的表现力，能用自然的声音演唱乐曲。（审美感知、艺术表现）

（2）学生乐于参与音乐活动，在活动中体验小动物的可爱，树立保护动物、爱护大自然的意识。（艺术表现、文化理解）

（3）差异目标：（审美感知、创意实践、文化理解）

A组：通过体验、模仿、想象、探究等学习方法的运用，掌握"××"和"×××"的节奏型，并在学习乐曲的过程中，激发学生创编能力及合作意识。

B组：通过歌曲学习感受快乐，模仿特定的1/2种节奏型，了解动物是人类的好朋友。

C组：在游戏中感知歌曲，能参与歌曲表演，培养参与合作意识，培养学生审美感知与音乐核心素养。

【教学重点】

用自然的声音演唱歌曲。

【教学难点】

歌曲中段念白处，"××"和"×××"节奏型的掌握。

【教学准备】

希沃白板、课件、钢琴及响板。

【教学过程】

（一）故事激趣，情境导入

1. 组织课堂，教师为讲故事做准备

教师：同学们，耳朵起床了吗？现在请我们带着小耳朵来听故事吧。

2. 情境铺设，给学生们讲故事，吸引学生注意力

教师：从前有一只调皮的小青蛙，有一天。这只小青蛙偷偷地溜出了家门，它游过了小河，跳哇跳哇，跳过了森林，跳哇跳哇，又跳过了大山。忽然，小青蛙发现自己迷路了，找不到自己的家在哪里了，它就在那哭了起来，同学们，你们可不可以帮小青蛙找到回家的路呢？

设计意图：情境铺设，让学生能够集中注意力，激发学生学习兴趣。

（二）学唱歌曲，重点突破

1. 通过故事点出课题

教师：下面我们就来帮小青蛙找家，找到它的妈妈好不好？这节课我们要学唱的歌曲名就叫《小青蛙找家》。

2. 出示"荷叶精灵"节奏，突破歌曲重点

教师：（出示PPT）小青蛙说，在我着急的时候，我遇到了乌龟爷爷，他告诉我在这附近有座荷叶桥，只要认出荷叶上的小精灵，准确地说出口令，就能找到回家的路了。

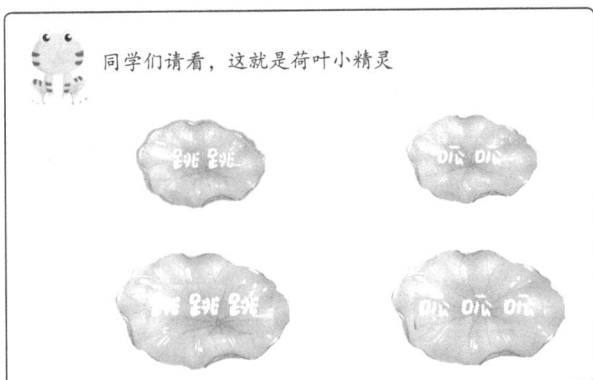

同学们请看，这就是荷叶小精灵

3. 分层次、分难度学习歌曲重点

请学生分组读荷叶上的小精灵节奏，模仿小青蛙跳一跳的动作，分层次达到教学目标。

教师：同学们请看，这就是我们荷叶上的小精灵。我们先看看上面这一组。谁可以读一读呢？谁可以一边读，一边模仿小青蛙跳一跳呢？

教师：同学们请看，这里有座荷叶桥，你能按照从左到右的顺序把它连起来读一读吗？

哇，这里有荷叶桥，你能按照从左至右的顺序连起来读一读吗

听一听，哪一条荷叶桥是小青蛙通往回家的路呢？

4. 学生聆听歌曲，吸引学生注意力，增强学生的聆听能力，寻找答案

教师：你们还记得吗？乌龟爷爷说过，只要认出荷叶上的小精灵，就能找

到通往小青蛙回家的路，究竟这条路是不是小青蛙回家的路呢？答案就在歌曲里，你听出来了吗？

5. 学生通过聆听找出正确答案，全体同学一起学习歌曲

学生：我听出来了，这座荷叶桥就是小青蛙通往回家的路。

教师：在歌曲中间的部分，让我们一边用小手指着音乐，一边读出荷叶上的精灵节奏吧。

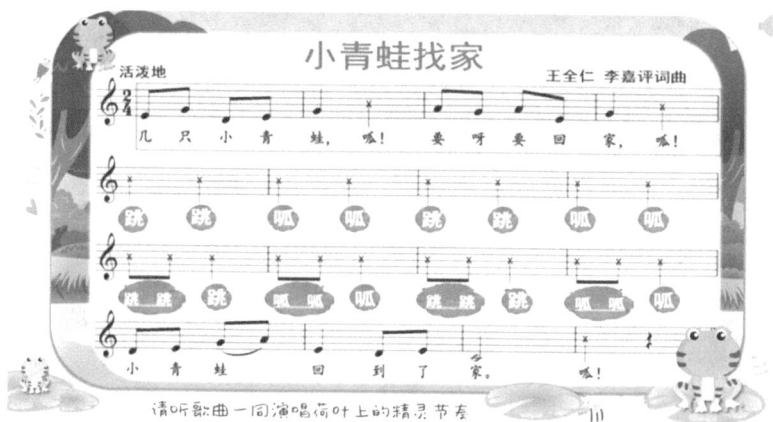

请听歌曲一同演唱荷叶上的精灵节奏

设计意图：通过聆听、模仿、比较、身势律动等方法，让学生能够感受到歌曲风格，体会到歌曲节奏，引导学生用正确的演唱方法学唱歌曲重点，分组达成本节课所构建的差异化教学目标。

（三）跟琴学唱，难点解决

1. 全体同学跟琴完整学唱歌曲

教师：同学们，在你们的帮助下，小青蛙找到了回家的路，你们有没有发现这首歌曲和我们之前学过的有些不一样呢？在歌曲的中间我们是有节奏地读出来的，而歌曲的前后我们是唱出来的，现在就让我们一起来学唱歌曲的第一句，请同学们跟着钢琴，请小青蛙为我们带路，再来唱一次吧。

2. 难点强调，巩固练习，讲解歌曲"一字多音地方"

教师：你们发现了吗？在老师演唱时，有一个字对应了两个音，对了，就是蛙字。

我们应该怎样来想象这幅情景呢？没错，就是两个小青蛙挨在了一起。让我们听着琴声，再来试一试。

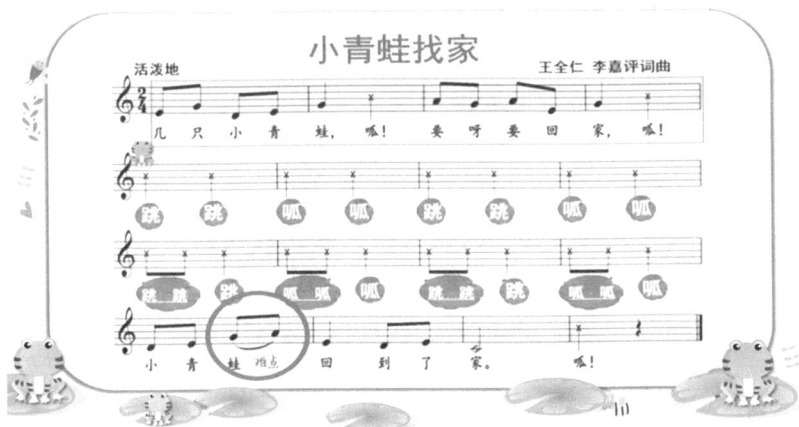

图5-1-4

3. 歌曲接唱、巩固学唱

（1）师生分句接唱歌曲。

（2）学生分组接唱歌曲。

4. 听音乐，完整演唱歌曲

教师：老师为大家请来了小青蛙带路，我们带上前奏，一起来唱一唱吧。

设计意图：学生跟琴完整学唱歌曲，解决难点，分组构建教学目标，巩固学唱。

（四）乐器学习，创编表演

1. 教师介绍小乐器：响板

教师：今天老师为我们的课带来了几个小乐器，来为我们的歌曲增添几分色彩，你认识它吗？它的名字叫作"响板"。

2. 教师介绍响板的两种演奏方式

教师录制视频介绍响板：响板通常用木材制成，外形像贝壳，演奏时，用中指套进中间的松紧带，把响板平放在右手手心，拇指和其他手指同时用力，上下有节奏地做合开动作，发出声音"咔、咔、咔"。同学们，除了这种方法还有其他的敲击方式吗？让我们接着往下看，响板还可以放在左手手心，用右手轻轻拍击，就可发出有亮度的音色。

教师：大家学会了吗？响板的声音非常短促，是不是很像小青蛙的叫声呢？下面让我们选择一种演奏方式，为歌曲伴奏吧。大家觉得加在哪里比较合适呢？

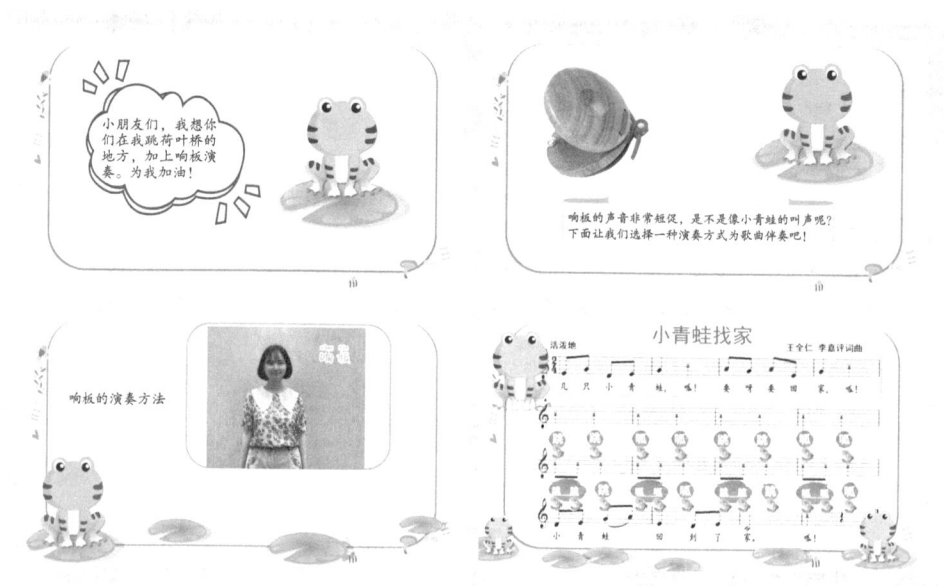

3. 引导学生自由感受音乐，自主地为乐器分配演奏段落

PPT出示小青蛙：同学们，我想在所有"呱"的地方都加上响板演奏。我想请你们在我跳荷叶桥的地方，也加上响板演奏为我加油。

4. 请全体同学使用乐器加入演奏

学生和着乐器的伴奏快乐地演唱歌曲，奏响大自然的交响曲。

设计意图：学生认识了新乐器"响板"，学习了响板演奏方法，引导学生大胆创编并表演，增强学生对音乐的感受与感悟能力，通过分层感受达成教学目标。

（五）畅谈收获，评价小结

教师提问，与学生分享音乐总结点评。

教师：我们学唱了歌曲《小青蛙找家》，知道了青蛙是益虫，我们能做到的是平时不去吃小青蛙，也不去捕捉小蝌蚪，让青蛙在大自然中快乐成长。

设计者简介

王唯颖，深圳市福田区竹香学校教师，科组长；中国教育科学院青少年校园戏剧展演活动优秀教师；福田区教育工作先进个人。

中国童话节优秀指导教师一等奖；广东省"粤派名师杯"教育教学改革与创新论文评比二等奖；深圳市艺术展演小学甲组合唱指导教师二等奖，深圳市"核心素养培养导向的教育创新"主题论文三等奖，深圳市美育基本功比赛三等奖、福田区一等奖，深圳市教育信息化大赛三等奖，福田区二等奖；福田区"名师优质课堂"课例比赛一等奖，特殊教育教师说课比赛一等奖；曾多次指导学生在钢琴演奏领域获得国际、国内多项大奖。撰写的教育教学作品由多家出版社收录。

第六章

绘画与手工

6

绘画与手工课程是培智学校义务教育课程体系的重要组成部分。本课程通过运用各种工具和材料，运用造型、色彩、构图等艺术手段完成作品的制作，旨在促进学生的手眼协调，培养他们的视觉、观察、绘画与手工制作能力，发展审美情趣，提高审美能力，最终促进学生适应生活、融入社会。

第一节　性质理念

一、课程性质

绘画与手工课程是培智学校义务教育阶段的一般性课程。本课程具有以下性质。

1. 视觉性

强调视觉感知能力的培养，在比较色彩、造型、构图、材料质地等过程中，让学生发现美、感知美，发展审美情趣。

2. 活动性

注重学生的参与和动手操作。教师根据学生的能力水平和身心特点创设条件，促使每一位学生都能够参与绘画与手工的活动，在活动过程中体验美、表现美，提高审美能力。

3. 人文性

追求学生人文素养的培养。教师通过课程内容有机渗透中外优秀文化艺术思想，让学生感悟美、享受美，帮助他们形成积极、友善、合作、分享的品质。

4. 愉悦性

重视学生的积极情感休验。教师引导学生积极参与活动，体验学习的快乐与满足感，调整情绪，尝试表现个性与创意，自由地表达情感。

二、课程理念

1. 面向全体关注差异

本课程坚持育人为本的教育理念，致力于学生审美情趣的培养和审美能力的提高，坚信每个学生都具有学习的潜能，通过实施差异教学和个别化教育，帮助他们在原有基础上获得最大限度的发展，为终身学习奠定基础。

2. 激发兴趣重在参与

本课程强调教师应创设适宜的条件，运用灵活多样的教学方法和趣味化的教学手段，激发学生的学习兴趣，引导学生参与活动，在体验与操作过程中获得关于美的直接经验，感受学习的愉悦与满足。

3. 联系生活关注文化

本课程强调从学生的生活需要出发，结合生活实际开展教学活动。引导学生体验绘画、手工和生活的关联，感受中国优秀传统文化和世界多元文化的魅力，促进人文素养的提升。

4. 激发潜能改善功能

本课程注重激发学生潜能，通过探究学习和实践活动，鼓励学生表现个性与创意，促进学生手眼协调、精细动作等能力的发展，使学生更好地调整情绪，表达情感，提升社会适应能力。

第二节   课程目标

一、总目标

学生通过对"造型·表现""设计·应用""欣赏·评述"和"综合·探索"四个领域的学习，提高视觉、观察、绘画、手工制作能力，初步学会发现美、感受美和表现美，发展审美情趣，提高审美能力，学会调整情绪和行为，促进社会适应能力的提升。

二、分目标

1. "造型·表现"学习领域

（1）观察、认识与理解线条、形状、色彩、空间、明暗、肌理等基本造型元素，学习运用对称、重复、对比、变化、统一等形式原理进行造型活动，提高想象力与操作能力。

（2）尝试使用适合的绘画与手工材料进行涂画和制作，初步发展艺术感知能力和造型表现能力。

（3）参与造型活动，体验活动过程的乐趣，调整情绪和行为。

2. "设计·应用"学习领域

（1）了解浅显的设计与工艺知识，选择、使用合适的工具和材料，尝试进行简单的模仿设计与制作。

（2）学习适合的制作方法，体验设计与制作的过程，尝试表现美，逐步提高关注身边事物、发现问题和解决问题的能力。

（3）初步学会比较与辨识，逐步形成耐心细致、合作分享的学习态度，产生美化生活的愿望。

3."欣赏·评述"学习领域

（1）学习浅显的欣赏方法，尝试欣赏有代表性的作品，了解优秀的民族文化、民间美术与中外优秀文化艺术。

（2）尝试感受自然美、艺术美，逐步提高视觉感受与表达能力促进审美能力的提升。

（3）热爱生活，增强民族自豪感，初步形成尊重世界多元文化的态度。

4."综合·探索"学习领域

（1）逐步学会围绕主题，尝试将绘画与手工各领域的学习相融合，解决一些简单问题。

（2）尝试将绘画与手工课程与其他学科相融合，进行综合性的实践活动。

（3）开阔视野，增进求知欲，体验活动过程的愉悦与成就感，陶冶生活情趣，提高社会适应能力。

第三节　教学设计

1. 江南

高卓

　　设计心语：江南是一个美丽富饶、宁静素雅的地方，白墙黛瓦的江南水乡充满了诗情画意，吴冠中的作品更为它增添了一分魅力。走进大师吴冠中的作品，欣赏瓦的块面，墙的线条，黑白的建筑，掩映其间的树木垂柳，静止的桥，流动的水和船。引导学生通过观察、体验、分析、判断、联想等过程，鼓励他们关注自然环境和社会生活，培养学生亲近自然、关爱生命的情感态度和行为习惯，逐步养成环境意识、社会意识和生命意识，努力提高审美能力，陶冶情操。创意画梦里江南，用简单的剪贴和添画，通过创意的方式让学生感受空间和色彩。有效地发挥绘画与手工课程独特的教育功能，让学生在动作发展、感知记忆、思维想象、情绪情感方面得到提升，更好地适应学校、家庭和社会生活。

【课题名称】

江南

【任教学科】

绘画与手工

【任教年级】

培智学校四年级

【任教课时】

第1课时

【教材版本】

校本教材

【教学目标】

感受江南水乡的美，进一步了解江南水乡民居的外形特征、装饰特点。能用综合材料大胆想象，创作表现水乡民居的特征。体验创作过程的愉悦。

【教学重点】

感受江南水乡的美，了解江南水乡民居的外形特征、装饰特点。

【教学难点】

能用综合材料表现江南水乡民居的特征。

【教学准备】

希沃白板及课件、白色黑色（灰色）卡纸、黑色记号笔、水彩笔、固体胶、剪刀等。

【教学过程】

（一）探究江南民居的造型特征

1. 导入

今天老师带来了几幅特别的照片。你看到了什么？随机插入：

放大房子作品（局部放大）。房子是怎么样的？

教师小结：黑黑的色块表示屋顶，白色的色块是房子的墙，所以这是一幢黛瓦白墙的房子，还有的图片中的房子是灰色的。

设计意图：从作品中的一部分入手，帮助学生逐步理解画面内容。

2. 师生互动，教师提问

房子和房子组成了什么？（村庄）这些房子都是怎么样的？（黛瓦白墙）房子与房子有什么不同？（方向、前后、大小不同，通过遮挡、透视来引导）

设计意图：本环节让学生感受到看似相似的房子有着多方面细节的不同之处。

3. 出示城市图片进行对比欣赏

这是什么地方？是城市。城市有什么？城市很热闹、很繁华，但另外一张没有高楼大厦，没有汽车忙忙碌碌来回奔跑，所以我们都认为这张图片上的地方是农村，你去过农村吗？村里人是怎样生活的？

教师小结：农村里有鸡有鸭，小朋友在一起快乐地玩耍，大人们有的种地，有的在河边一边洗衣服、洗菜一边说说笑笑，大家在一起很开心、很和睦。村前的小溪轻轻地流淌，很恬静。

设计意图：与城市图形成鲜明对比，让生活在城市中的孩子可以感受到农村生活环境的不同，对学生感受作品的气息、意境起到重要作用。

4. 介绍画家

你想知道这幅画是谁画的吗？是著名的画家吴冠中爷爷，他很喜欢去一些恬静优美的农村，画关于农村的画，他给这些画取了一个共同的名字——《江南水乡》，他还画了另外的一些江南农村的画。（欣赏另外的画）

5. 比较画家作品，感受画家作画的独特韵味

概括作品的共同特点。（教师小结：黛瓦白墙、小桥流水，屋顶是黑色的块面，窗户、人用点，房子的墙用浅色的线，黑白灰点线面）

那有没有活泼鲜艳的颜色呢？

设计意图：通过讨论整幅画面活泼颜色的大小比例及整幅作品的色调关系，感受作品的色彩特点，同时为学生表现作品做好铺垫。

（二）学习剪贴画《江南》的制作方法

现在我们也学学吴冠中爷爷的绘画方式画画自己心中的江南人家，用黑色表现屋顶，用线条表现生活中的人和事物。

我们走在江南小镇上，看见街道两旁一幢又一幢的房子，有的像巨人一样站得直直的，有的像熟睡的士兵一样躺得平平的（灰色块），街道两边的高楼大厦就像积木一样紧紧连成一片（黑色块），青砖黛瓦、碧水荡漾（黑色水笔画线条），千家万户、灯火辉煌（黑色水笔画窗户），桃红柳绿、恬静淡雅（点画彩色花）。

设计意图： 在看似游玩的过程中完成教师的示范过程，氛围轻松愉快。

（三）制作环节

学生开始创作，自由添上人物、路灯、树木等，增添情趣，体现个性。

（四）展出评价

对学生作品进行展示，教师点评，并对学生进行鼓励。

（五）课后延伸

展示有关江南的优秀儿童国画作品欣赏。

设计者简介

高卓，深圳市福田区竹香学校教师，曾获广东省教育信息化大赛二等奖，深圳市教育信息化大赛三等奖，福田区教育信息化比赛二等奖，竹香学校教学选秀特等奖等奖项。

2.趣味色调

张骏

设计心语：对特殊学生而言，进行有关色调的绘画练习可以帮助他们改善情绪和增强心理健康。例如在学习或社交方面，一些特殊学生经常带着压力和紧张的状态。色调的绘画练习作为艺术与休闲中的一个方法，可以把学生关注的焦点集中在艺术创作上，从而调整他们的情绪和松弛他们的身心。色调的绘画练习是一个沉浸式的活动，它需要学生专注于自己的作品，从而忘却外界的压力，减轻情绪的紧张。

【课题名称】

趣味色调

【任教学科】

绘画与手工

【任教年级】

培智学校高一年级

【任教课时】

第2课时（共4课时）

【教材版本】

校本课程

【教学目标】

本学期第三单元的主题为"色调"，旨在让学生了解色调在绘画和生活中的应用。本单元分为三小节，分别是"认识色调""色调与生活""色调的运用"。本课时主要带学生深入了解色调的含义以及简单地运用色调进行主题创作，并设置如下教学目标。

（1）认识色调的含义，学会区分不同色调。

（2）通过绘制简易国画西瓜，掌握粉红色调的运用。

（3）通过了解色调的作用，使学生学会分析和欣赏优秀美术作品，了解生活中的色彩搭配，提高对颜色的审美情趣。

并根据学生情况设置如下分层目标。

A层：能够说出不同色调名称。

B层：能够合理搭配色调。

C层：能够简单地将色调知识运用到创作当中，体会色调与情绪的关系。

【教学重点】

学生能够在绘画前考虑好色调选择。

【教学难点】

西瓜外形的刻画以及控制整幅画面色调的能力。

【教学准备】

准备多媒体课件、国画颜料套装、毛笔、清水、宣纸、圆形瓷盘、课桌摆放。主、辅课教师一起将方桌摆放在讲台前方，并将学生课桌呈半圆形围绕方桌摆放。

【教学过程】

（一）课前回顾

教师带学生回顾上一节课所学色调知识，并带学生分析不同色调带给人的不同情绪。

（二）课题导入

1. 询问学生

炎炎夏日，大家看到西瓜会有怎样的感觉？没错，想吃掉它，西瓜让人觉得很凉爽、很解暑。西瓜给人的凉爽感除了因为它本身的口感，还因为西瓜的颜色会使人们感到放松与自在。

2. 让学生想象

一堆切开的西瓜放在一起会呈现出什么颜色？——粉红色，除了有粉红色还有哪些颜色在其中？——绿色、黑色和白色（分别是西瓜皮和西瓜子的颜色）。

3. 老师展示与西瓜相关的绘画作品

（三）初步探索

1. 教师播放趣味西瓜绘制视频

2. 教师现场展示圆形切开的西瓜画法

借助圆形瓷盘，用毛笔蘸取绿色颜料，并借助瓷盘画圆，取掉瓷盘，留下绿色圆形作为西瓜皮，再在圆内绘制西瓜瓤（粉红色），最后在颜色将干未干的时候点缀西瓜子（黑色）。

3. 轮流指导学生进行各步骤的练习

（四）实践操作

（1）将学生按不同层次分成三组，三位教师各带一组学生创作与西瓜主题相关的绘画。

（2）引导A层学生多用相似色绘制；

引导B层学生尝试画出不同形状的西瓜外形；

引导C层学生及时调整画面颜色，将画面变丰富。

（3）指导学生发挥想象，大胆用色，主课教师轮流对学生进行分组指导。

（五）展评小结

展评：下课前5分钟停止创作，将每组学生的作品汇总粘贴在黑板上进行展评，先由学生互评，教师再进行逐一点评。

小结：教师总结本节课要点，引导学生学会观察色调和学会使用色调练习调整自己的情绪。

（六）布置作业

请同学们回家后，观察家中的果盘呈现何种色调？它给你的第一感受是怎样的？

（七）组织下课

下课，起立，同学们再见。

设计者简介

张骏，深圳市第二特殊教育学校美术教学教研组组长。2021年获深圳中小学教师微课大赛"二等奖"；2022年获深圳市中小学"在线教学"优秀课例"三等奖"；2022年指导三名学生获深圳市中小学生安全教育主题宣传作品创作大赛高中组"优秀奖"；2023年指导学生作品入选"传承经典筑梦未来"广东省青少年书画活动。

第七章

运动与保健

7

培智学校运动与保健课程遵照"健康第一"的指导思想，坚持育人为本，根据培智学校学生（以下简称"学生"）身心发展特点和实际需要，强化体育课和课外锻炼，促进学生身心健康、体魄强健。本课程重视学生运动潜能开发与功能改善，激发学生的运动兴趣，引导学生掌握运动与保健基础知识、基本技能和方法，发展学生的体能，为学生终身体育学习和健康生活奠定良好的基础，为学生更好地融入社会发挥重要作用。

第一节 性质理念

一、课程性质

运动是指进行走、跑、跳、投等多种形式的体育活动。保健是指通过合理的运动，达到保养身体、减少疾病、保护和增进人体健康等目的的综合性措施。

本课程是以身体练习为主要手段，以学习运动与保健知识、技能和方法为主要内容，以保护和增进学生身心健康，开发潜能，促进功能康复和补偿，培养学生终身体育意识和社会适应能力为主要目标的一般性课程。

运动与保健课程具有以下特性。

1. 基础性

课程强调使学生掌握基本的运动与保健知识、技能和方法，养成体育锻炼和健康生活的习惯，为学生学习与发展提供前提条件。

2. 实践性

课程强调以学生的动作练习为主要手段，养成学生体育锻炼的行为，提高学生的运动与保健实际操作能力。

3. 健身性

课程强调在学习运动与保健知识、技能和方法的过程中，通过适宜负荷的身体练习，开发潜能，促进功能康复和补偿，提高学生的体能和身心健康水平。

4. 综合性

课程强调发挥运动的育人功能，以运动与保健学习为主，渗透品德教育，融入健康行为与疾病预防、安全应急与避险等方面的知识和技能，体现课程目标、课程内容、过程与方法等带来的多重价值，使学生全面发展，适应社会。

二、课程理念

1. 坚持"健康第一"的指导思想，促进学生全面发展

课程以"健康第一"为指导思想，构建知识与技能、过程与方法、情感态度与价值观有机统一的课程目标和结构。在强调学科特点的同时，融入健康成长知识，开发潜能，促进功能补偿，提高综合能力，促进学生身心协调、全面地发展，为学生平等、充分地参与社会生活，适应社会需要奠定基础。

2. 激发学生的运动兴趣，培养学生体育锻炼的意识和习惯

课程强调在课程目标的确定、教学内容和教学方法的选择与运用方面，注重与学生的学习和生活经验相联系，引导学生体验运动乐趣，提高学生学习兴趣，促进学生主动参与运动，基本形成体育锻炼的习惯。

3. 以学生发展为中心，注重学生的主体地位

课程高度重视学生的发展需要，从课程设计到学习评价，始终以促进学生的身心发展为中心。课程在充分发挥教师在教学过程中主导作用的同时，也十分重视学生在学习过程中的主体地位，注重培养学生自主学习、合作学习和探究学习的能力，促进学生掌握运动与保健学习的方法，并学会运动与保健学习。

4. 关注地区差异和个体差异，满足学生不同需求

课程强调在满足国家课程基本要求的前提下，充分关注不同地区、学校和学生之间的差异。根据运动与保健课程目标及课程内容，因地制宜，合理选择和设计课程内容，有效运用教学方法和评价手段，努力使每位学生都能接受基本的运动与保健教育，体验到学习和成功的乐趣，促进学生不断进步和发展。

第二节　课程目标

通过对课程的学习，学生将掌握运动与保健的基础知识、基本技能和方法，发展体能，开发潜能，促进功能康复和补偿；培养参与运动的兴趣和爱好，体验运动带来的乐趣与成功，逐步养成体育锻炼的好习惯，形成良好的心理品质，提高合作与交往能力，基本形成健康的生活方式和积极进取、乐观开朗的人生态度，为融入社会打下基础。

课程分为运动参与、运动技能、身体健康、心理健康四个学习方面，各方面的说明及目标如下。

一、运动参与

运动参与是指培智学校学生参与体育学习和锻炼的态度及行为表现，是学生习得体育知识、技能和方法，锻炼身体，提高健康水平，形成积极的体育行为和乐观开朗人生态度的实践要求和重要途径。在一至三年级/低运动能力段，注重激发、培养学生的运动兴趣和参与意识；在四至六年级/中等运动能力段，引导学生体验运动乐趣；在七至九年级/高运动能力段，注重引导学生认识运动与保健知识的意义与价值，培养学生逐步形成体育锻炼的意识和习惯。

运动参与的目标。

1. 参与体育运动学习和锻炼。

2. 体验运动带来的乐趣与成功。

二、运动技能

运动技能是指学生在体育学习和锻炼中完成运动动作的能力，反映了运动与保健课程以身体练习为主要手段的基本特征，是课程学习的重要内容和实现其他学习目标的主要途径。在一至三年级/低运动能力段，注重简单的动作与体育游戏学习，发展基本的运动技能；在四至六年级/中运动能力段，注重简单的动作组合的学习，发展基本的运动能力；在七至九年级/高运动能力段，注重不同运动项目的学习，提高学生运动能力。在各运动能力段都要重视培养学生进行安全运动的意识。

运动技能目标。

1.学习体育运动知识。

2.掌握运动技能和方法。

3.增强安全运动的意识和能力。

三、身体健康

身体健康是指学生身体素质和健康水平的状态，与运动锻炼、营养状况和行为习惯密切相关。课程强调引导学生正确认识自己的身体，养成良好的健康卫生习惯；努力学习和锻炼，发展体能，提高适应环境变化的能力，基本形成健康的生活方式。在一至三年级/低运动能力段，要注意培养学生的体育卫生习惯和正确的身体姿态；在四至六年级/中运动能力段，初步掌握与运动相关的卫生保健知识，发展体能；在七至九年级/高运动能力段，了解青春期运动保健知识，提高体能水平。

身体健康的目标。

1.掌握基本运动保健知识和方法。

2.塑造良好体形和身体姿态。

3.全面发展体能与健身能力。

4.提高适应自然环境的能力。

四、心理健康

心理健康是指学生自我感觉良好以及与社会和谐相处的状态，与体育运动学习和锻炼、身体健康密切相关。它既是课程学习的重要内容，也是课程功能和价值的重要体现。课程十分重视培养学生良好的自信心、意志品质以及体育道德、合作精神、公平竞争的意识。促进学生提高调节情绪能力和社会适应能力，形成积极乐观的生活态度。在一至三年级/低运动能力段，注重在体育运动中培养学生保持稳定的情绪和遵守规则的意识；在四至六年级/中运动能力段，注重培养学生自尊、自信、自立、自强的良好品质；在七至九年级/高运动能力段，注重指导学生积极应对挫折和失败，保持良好的心态，培养团结协作的精神。

心理健康的目标。

1.培养良好的意志品质。

2.学会调控情绪的方法。

3.形成合作意识与能力。

4.具有良好的体育道德。

运动参与、运动技能、身体健康、心理健康四个方面是一个相互联系的整体，各个学习方面的目标主要通过身体练习实现，不能割裂开来进行教学。

第三节　教学设计

1. 基本移动能力——动物运动会

陈世龙

设计心语：基本运动能力由移动技能、（动作）方向、路线、速度组成。根据学生身心发展特点和实际需要，采用"中国体育健康课程模式"并结合教材《KDL体育与健康课程》水平一、主题三、基本移动能力的内容；打破体育课堂教学内容构建传统，进行K（知之）、D（行知）、L（乐知）的探究，通过问题驱动，协同学习，激发学生的学习兴趣。通过教师的启发、引导、拓展组织形式和方法，采用游戏、竞赛等方式使学生在玩乐中学习投掷的动作，从而落实"立德树人"的根本任务。

【课题名称】

基本移动技能——动物运动会

【任教学科】

运动与保健

【任教年级】

培智学校四年级

【任教课时】

第5课时（共5课时）

【教材版本】

华东师范大学出版社《KDL体育与健康课程》水平一

【教学目标】

本节课以"动物运动会"为教学背景，学生通过模仿动物的行走动作姿势掌握走、跑、跳、跨步走等基本移动技能动作，完成走平衡木、匍匐或四肢爬行等动作穿越隧道和连续双脚跳跃小栅栏等挑战环节；由于个体间差异较大，学生间的运动能力存在差距，需要进行分层教学、镜面教学，促进功能康复和补偿；按学生的运动能力评估表，将学生分成A、B、C三组。

设置如下教学目标。

1. 运动能力

初步掌握侧走、爬、跳等基本移动技能动作，积极参与发展身体基本移动技能的组合游戏和比赛，学习运用力量，提高灵敏性、协调性和下肢力量等素质。

2. 健康行为

在"动物运动会"游戏过程中积极模仿动物的动作，融入课堂情境，想象猴子"走独木桥"（侧走）、兔子"跳石头"、乌龟"钻隧道"等复杂的环境，注意抬头观察，保持安全距离；在"动物运动会"游戏中帮助运动能力程度较差的同伴，相互合作，共渡难关。

3. 体育品德

初步学会判断活动空间，培养在游戏和比赛中遵守规则的意识，获得自信，学会尊重他人，乐于助人。

A组：学生的粗大运动能力好，基本运动能力跑、跳、投都有较好的发展，协调能力较好，玩游戏时能遵循游戏的规则；

B组：学生的粗大运动能力较好，基本运动能力跑、跳、投偏弱，协调能力较好，玩游戏时能遵守游戏规则，但意识需要加强（提醒）；

C组：学生的粗大运动能力较弱，玩有规则的游戏且遵守游戏规则的能力欠缺，基本的运动能力偏弱，需要加强各方面的能力，但在教师的协助下能参与课堂。

【教学重点】

初步掌握走、跑、跳、跨步走等基本移动技能动作，积极参与发展身体基本移动技能的组合游戏和比赛。

【教学难点】

定点队形：定点范围的设置和学生边界意识的建立。

【教学准备】

动物标志贴（熊、老虎、大象、马、猫、兔子、猴子、乌龟、鸵鸟）、彩虹隧道14个、小栏架10个（中、小）、扁线圈10个、步道2组、独木桥2组、运动骰子31对、标志筒，智慧体育运动负荷指导系统（智能运动手环、智能检测课堂数据分析系统）。

【教学过程】

（一）激趣导学

向学生问好，师生相互问好后立即提出设定"动物运动会"，并且提问学生手中出示的人物。

"同学们，你们认识老师手中的是哪一种动物吗？"展示出熊（四肢异侧爬行）、老虎、大象（翘臀四肢行走）、马（四肢跑）、猫（一字步）、兔子

（双脚跳）、猴子（侧走）、乌龟（四肢爬行）、鸵鸟（跑）。"知道它们是怎么运动的吗？"

（四肢异侧爬行、四肢着地跑、一字步、双脚跳、侧走、四肢爬行、跑）

（二）增趣促学

"动物运动会"我们来啦，围绕篮球场模范动作。（跟随音乐：兔子舞）

1. 教师示范

（1）教师带领学生沿着线模仿学习（兔子、猴子、乌龟）的动作示范。

（2）教师在跑动中要强调让学生注意安全，相互间避免发生碰撞。

2. 动作学习

（1）双脚跳

a. 屈膝，双脚同时蹬地腾起。

b. 双臂自然弯曲向前上方摆动。

c. 双脚同时落地，屈膝缓冲。

（2）侧走

a. 双手在胸前。

b. 身体侧向移动。

（3）爬

a. 身体自然匍匐于地面，抬头向前看。

b. 双臂自然弯曲，向前用力。

c. 屈膝，内侧大腿贴地用力向前蹬地。

我们今天一起化身成小动物，学习它们的运动方式，然后我们一起参加动物运动会！

（三）动物动作大分解

1. 猴子侧走

双臂弯曲收于胸前，身体侧向移动。

2. 兔子跳

小兔子用双脚小步向前跳也叫"蹦跳"，让我们一起尝试吧。

屈膝，双脚双臂自然弯曲向前上方摆动。

3. 乌龟爬

乌龟爬行时四肢保持平衡，身体不着地有节奏且动作连贯地向前爬行。

分组练习，按照学生运动能力设计3种不同难度的障碍完成动作学习。

（四）"动物运动会"游戏

1. 划分区域，组织游戏

2. 分组练习

将按运动能力划分的A、B、C三组同学分成两到三组，统一由教师（主教、助教）带领，前往运动会的每一个关卡，跟随指示牌和路线通过每一个关卡的障碍物。

（1）猴子侧走独木桥

设计三条平衡木，每条平衡木的宽度分为一、二、三3种等级（贴地胶、步道、独木桥），平衡木统一使用直线。A组同学挑战三级难度，B组同学挑战二级难度，C组同学挑战一级难度。

来回挑战3组：走标志点—走步道—走独木桥，逐步增加难度。

（2）兔子跳障碍

设计3组，每组5个扁线圈和小栏架障碍物，高度分为一、二、三3种等级（低、较高、高），每组的间隔一样。A组同学挑战三级难度，B组同学挑战二级难度，C组同学挑战一级难度。

来回挑战3组：扁线圈—小栏架，高度越高，难度越大。

（3）乌龟爬彩虹隧道

设计3条彩虹隧道，每条隧道的高度分为一、二、三3种等级（单个、2个衔接、4个衔接）每组的间隔一样。A组同学挑战三级难度，B组同学挑战二级难度，C组同学挑战一级难度。

来回挑战3组：单个隧道—2个衔接隧道—4个衔接隧道，长度越长，难度越大。

（五）延伸练习及放松运动

1. 我是运动小达人

投掷运动骰子，模仿练习骰子上的动作。

（1）引导学生围成圈，投掷运动骰子，模仿投掷出来的动作。

（2）组织学生进行游戏，巡回纠正不规范动作。

2. 拉伸放松运动

教师示范带领学生盘腿或直腿坐下做拉伸动作（跟随音乐）。

设计意图： "我是运动小达人"活动中是本课的延续，也是让各位学生互相了解、接纳对方的过程，在这个活动中，可以更放松地与周围学生进行互动，每个学生能力不一样，在活动中，学生可以更好地认识到和自己一起的同学是各不相同的。

（六）巩固练习与拓展学习

和爸爸妈妈一起玩：

（1）动物（兔子、猴子、乌龟）的动作，看谁做得更像，每个造型保持10～20秒，做5～8次。

（2）做"动物运动会"的情境游戏，要求做规范性的行走、跳跃（双脚跳跃30次/组）、爬行（5米/组）等移动技能，做3～5次。

（七）特色教学资源分析

教学过程中使用智慧体育课堂教学指导系统，学生通过佩戴运动手环进行运动时最高心率、某时刻平均心率、最高心率、运动强度、运动密度等实时监控，观测学生在课堂中的实际运动负荷与运动强度的达标情况。

平均心率：110次/分。

最高心率：150次/分。

运动密度：65%。

设计者简介

陈世龙，深圳市龙华区润泽学校特殊教育教师、深圳市龙华区龙华中心小学资源教室负责人，深圳市邵子洺"哨子"名师工作室成员（成员），龙华区"学科带头人工作室"成员。

作为参研人员，参与一项国家课题子课题研究，国家社会科学基金重大项目"中国儿童体育健身大数据平台建设研究"子课题"校园体育综合运动干预的探索研究与实践"；2022年参与深圳市龙华区龙华中心小学一至六年级劳动技能《劳动·我能行》教材编辑；2023年获广东省优秀融合教育教学课例二等奖；参与深圳市2021—2022学年下学期在线教学资源包建设；并在多类教育教学比赛中收获区级奖项。

2. 硬地滚球——精准性练习

黄旭立

设计心语：硬地滚球是在特殊人群中受欢迎的体育活动，针对人群广泛，如脑瘫、智力障碍与自闭症人群，硬地滚球训练的执行主要围绕四个板块，其中包括能力评估、制订计划、实施计划、效果呈现，四个板块形成闭环，促进学生的硬地滚球能力的最大化发展，而精准性是硬地滚球中的重要能力，围绕硬地滚球运动项目的特性，把相关内容整合成本课《硬地滚球——精准性练习》。

【课题名称】

硬地滚球——精准性练习

【任教学科】

运动与保健

【任教年级】

培智学校八年级

【任教课时】

第5课时（共5课时）

【教材版本】

国际特殊奥林匹克运动会硬地滚球项目指导手册

【教学目标】

本课以"硬地滚球比赛"为教学背景，以学生参与相关赛事为导向，教学中贯彻比赛的规则，培养硬地滚球的投掷精准性能力，促进学生手眼协调能力与上肢力量的发展，为促使课程的科学性与趣味性得到提高，将教学内容与信息技术深度融合，设置如下教学目标。

1. 运动与技能

巩固硬地滚球动作、培养学生投掷精准性。

2. 过程与方法

发展上肢力量与手眼协调能力。

3. 情感态度与价值观

特奥硬地滚球比赛意识的建立。

并根据学生情况设置如下分层目标。

A层：熟悉掌握硬地滚球技术动作，并能精准采用此技术击中目标物体。

B层：能够做出硬地滚球技术动作，投掷方向与目标物体所在方位一致。

C层：能够做出硬地滚球技术动作，有意识保持投掷方向与目标物体所在方位一致。

【教学重点】

运用硬地滚球动作技术击中目标物体。

【教学难点】

运用硬地滚球动作技术进行投掷并保证投掷精准性。

【教学准备】

希沃白板、课件、标志桶、发令枪。

【教学过程】

（一）热身活动，动作巩固

1. 专项热身活动

围绕硬地滚球技术动作，侧重于对项目所需动用的关节与肌肉进行热身，重点关注肩关节与肘关节的活动拉伸情况，确保关节已经得到充分拉伸。

2. 技术动作回顾

教师强调动作要点，由教师喊口令"1、2、3"，学生根据口令做出以下动作。

（1）左脚向前跨步，右脚于左脚的侧后方，前后脚相距三个脚掌距离。

（2）以右手为惯用手为例，左手撑在左脚的膝盖上方。

（3）右手握球，掌心紧贴滚球，向后预摆时，手部伸直，投掷时，手肘微曲，手指张开将球送出，教师巡回指导，使用电子设备捕捉学生动作，投屏至希沃白板，以视频的形式展示并讲解动作的优点与注意事项。

（二）定点定向，投掷精准

1. 定点定向投掷

通过动作巩固板块切入课程主题，将标志桶放置在学生正前方，距离为一米，引导学生进行投掷击中标志桶，教师在投掷过程巡回指导并强调动作要点。

2. 变点定向投掷

提高难度，将标志桶放置在学生前方，引导学生进行投掷击中标志桶，从距离学生一米开始，学生每击中一个标志桶则增加一米的距离，最远距离为九米，教师在投掷过程巡回指导并强调动作要点，对于持续未能击中的学生进行鼓励与指导。

3. 定点变向投掷

持续提高难度，将标志桶放置在学生前方，距离为五米，学生需分别在标志物的左侧面、正前方与右侧面进行投掷，引导学生进行投掷击中标志桶，教师在投掷过程巡回指导并强调动作要点，对于持续未能击中的学生进行鼓励与指导。

根据学生能力情况，本环节设计以下三种活动要求。

A组：技术动作准确，投掷精准击中标志桶。

B组：技术动作存在偏差，投掷基本击中标志桶。

C组：技术动作存在偏差，投掷的方向与标志桶所在方位能保持一致。

（三）赛事练习，精准强化

1. 精准性练习比赛

教师讲解赛事规则，强调安全问题，时刻提醒学生，直到学生跑回队伍，教师下达口令，下一位学生练习开始，比赛过程中，教师观察学生动作，并要时刻进行提醒与调整。

比赛规则：听到"发令枪"响起，教师运用希沃白板进行一分钟倒计时并进行得分计算，A组与B组各一名学生分别同时从起点出发到对面指定位置拿球，再回到起点进行投掷，击中位于中间的标志桶即得一分，以此循环，直到时间结束，累计分数高的队伍获胜。

2. 硬地滚球模拟比赛

教师讲解赛事规则，通过比赛过程引导学生理解赛事规则，教师观察学生动作，并时刻进行提醒与调整。

比赛规则：A组为蓝队，每人拿一个篮球，B组为红队，每人拿一个红球，计算前两场比赛综合所得分，得分高者获得白球（目标球）。高分队伍获得目标球，并优先投掷目标球，投掷结束后，投掷目标球的队伍继续投掷第一个颜色球，最靠近目标球的颜色球代表的队伍处于优势，处于优势的队伍继续投掷，直到投掷出更接近目标球的颜色球。可能出现的情况分两种。

a：所有球投掷完毕，裁判观察最靠近目标球的颜色球，宣判结果。

b：红队（蓝队）球未投掷完，但蓝队（红队）投掷完毕，且投掷的颜色球未能比对方队伍投掷的颜色球更靠近目标球，比赛提前结束，对方队伍获胜。

根据学生能力情况，本环节设计以下三种活动要求。

A组：通过比赛过程，能够理解并复述比赛规则。

B组：通过比赛过程，能够理解并遵守比赛规则。

C组：通过比赛过程，在教师引导下能够遵守比赛规则。

3. 及时反馈，展示评价

在比赛过程中记录视频与照片，根据记录的视频与照片，对学生动作的优点进行表扬，有待提升方面进行提醒。

（四）总结回顾，课后延伸

1. 课堂小结

教师赛事后应及时对获胜队伍与学生进行表扬，对落败的学生进行鼓励，并提醒学生课后多加练习。

2. 组织下课

下课，起立，同学们再见。

设计者简介

黄旭立，深圳市福田区竹香学校运动与保健专任教师，担任硬地滚球社团课程教师，国际特殊奥林匹克运动会认证体能训练与融合足球教师，累计特奥运动教学时长6年，培养运动员近百人。

3. 乒乓球正手攻球技术

黄城

设计心语： 乒乓球是我国的国球，不管是在国际大、中、小学比赛赛场上，还是在校园、社区等场所，都是人们喜闻乐见的运动项目之一。通过本单元的学习，学生能够掌握乒乓球运动的技术要领，并能在学校或者社区等场所参与该项运动，达到锻炼身体之余也能娱悦身心的目的。

《乒乓球正手攻球技术》是人教版三至四年级·全一册中的内容，也是我校自编教本《运动与健康》高一全册中的内容。课程设计过程中既参考人教版的课程标准，又结合本课的教学对象重新设定标准，旨在达成每个学生的IEP目标。教学中所使用的教学方法和辅助手段根据学生的自身能力和特点进行精心设计，以达成本课教学目标。

【课题名称】

乒乓球正手攻球技术

【任教学科】

运动与健康

【任教年级】

培智学校高一

【任教课时】

第2课时（共8课时）

【教材版本】

小学体育与健康人教版三至四年级·全一册

【教学目标】

通过学习乒乓球正手攻球这门课程，学生能掌握正手攻球基本技术，并在练习过程中巩固学习过的各种技术。在学练中能做出转体引拍与挥拍动作并能完成击球动作，提高学生灵敏、协调等身体素质。课上积极学习和练习；练习时要有安全和规则意识。

A层：通过本节课的练习，能够掌握乒乓球正手攻球的技术动作，并能在考核中完成3组连续5次及以上将球击回对面桌面的目标。

B层：通过本节课的学练，能够正确地做出正手攻球挥拍的动作，能够在考核中击中球10次及以上。

C层：通过本节课的学练，能够在教师的辅助下，做出正手攻球挥拍的动作，能够在考核中击中球。

【教学重点】

引拍和挥拍动作。

【教学难点】

击球时机和击球点的掌握。

【教学准备】

乒乓球拍、乒乓球、教学视频。

【教学过程】

（一）开始部分

1. 教学内容

（1）集合整队、清点人数、体委报告教师。

（2）师生互相问好。

（3）宣布本次课内容与任务。

2. 领域目标

引导学生进入课堂学习状态。

3. 教师活动

（1）向学生问好。

（2）宣布本节课的学习内容。

（3）说明安全要求。

4.学生活动

（1）向教师问好。

（2）精神饱满，认真听教师讲述本节课的学习内容。

5.组织要求

（1）学生动作整齐、准确、快速、安静。

（2）听清口令，要求把每个动作都做到位。

（二）准备部分

1.慢跑热身两圈

（1）一圈慢跑同时活动肩关节。

（2）一圈进行乒乓球步伐练习。

2.乒乓球球性球感练习

（1）托球练习

动作要求：双脚开立，与肩同宽，持拍手握好球拍放于胸前，非持拍手将球放在球拍上，在拍面上移动球，速度可以自己调控，手臂保持稳定，尽量让球停留在拍面上不掉下来。

（2）颠球练习

动作要求：两脚开立与肩同宽，持拍手握好球拍放于胸前，非持拍手将球垂直向上抛出，持拍手前臂以肘关节为轴上下运动，让球在球拍上连续上下跳动。

（三）基本部分（25分钟）

1.观看视频，初步建立动作印象

（1）教学内容

观看微课：刘诗雯姐姐正手攻球技术动作。

（2）领域目标

请同学们一边看一边思考。

（3）教师活动

提出问题：刘诗雯姐姐正手攻球要点是什么？

①拍型拍面。②挥拍方向。③击球点。

（4）学生活动

认真观看，带着问题思考动作要领。

（5）组织要求

8名学生分为两组分别站在球桌两侧面向展示屏。

2. 动静结合，高效学习动作要领

（1）教学内容

乒乓球正手攻球动作要领：左脚稍前，右脚稍后，身体离台约50厘米，手臂自然放松，保持一定弯度，但不要小于90度，也不要大于120度，拍面稍微前倾（约80度），随着身体向右移动，手臂向身体右后侧方引拍，在来球处于上升期快要达到最高点时，手臂迅速向左前上方挥动（肘部不要夹得太紧，手臂要呈半圆形挥动），击球的中上部，同时身体重心由右脚移至左脚，击完球后，迅速还原，准备下一板击球。

（2）领域目标

基本了解与体会正手攻球的动作要领。

（3）教师活动

① 讲解示范乒乓球正手攻球动作并指出学习正手攻球的重点和难点。

② 组织学生观看录像，寻找不足，让学生快速改进技术掌握情况。

（4）多球游戏

检验学生正手攻球掌握情况。

（5）个别辅导

根据学生现有的能力水平，分成两个或三个学习小组，由主课教师和辅课教师分别带领，练习挥拍动作或击球动作。

（6）学生活动

① 分组练习

能够掌握挥拍动作的分为一组，练习击球动作；未能掌握挥拍动作的分为一组，跟着录制好的视频继续练习挥拍动作。

② 小组讨论

视频纠错：每组由一名教师发球，学生每人5个球，教师利用手机进行录像，通过视频方式，学生在教师的带领下观看视频并讨论，认真思考动作要领。

组织要求：根据能力水平进行分组，每组由一名教师组织带领在乒乓球桌两侧进行观察，学习技术要领，然后再进行动作的练习，结合教学视频进行纠错。

3. 以赛带练，巩固提高动作技术

（1）教学内容

练习正手攻球动作。

（2）领域目标

运用正手攻球技术模拟比赛，通过本节课的考核。

（3）教师活动

① 组织学生进行分组练习。

② 教师连续发球，让学生在不断重复的挥拍击球过程中提高肌肉动作记忆，巩固挥拍击球的动作。

③ 组织学生模拟比赛进行本节课的考核，并记录考核情况。

（4）学生活动

① 按顺序进行击球练习，排在后面的学生在等待区域跟着击球的同学做出模拟击球的挥拍动作。

② 分A、B组进行考核。

（5）组织要求

分成两组进行练习与考核，分别由主课教师和辅课教师带领。

（四）结束部分（5分钟）

1. 放松运动

跟着轻快柔和的音乐，师生一起做肩、臂、下肢的拉伸放松运动。

2. 小结

小结本课所学内容，表扬积极认真学习的学生，鼓励需要提高的学生。

设计者简介

　　黄城，深圳市第二特殊教育学校教师。从事特殊教育工作8年，擅长特殊儿童功能性康复训练以及特殊儿童的体育教育和运动训练。拥有较为丰富的体育训练及领队经验，带领队伍参加市、区级篮、足、田径比赛，并多次获得"优秀指导教师"称号。目前重点研究高中特殊学生体育与健康课程的开发与建设。

第八章

信息技术

8

培智学校义务教育信息技术课程是一门以培养学生信息技术能力为目标的选择性课程。课程着重帮助学生运用信息技术提高学习能力，改善生活质量，更好地适应社会发展。学校应根据区域环境、学校特点、学生的潜能开发需要，开设这门课程。

第一节　性质理念

一、课程性质

培智学校义务教育信息技术课程主要具有以下特性。

1. 技术性

信息技术课程具有较为突出的技术性，主要体现在可操作性和工具性方面。课程旨在使学生了解和掌握常用的信息技术工具，在体验的基础上提高信息技术应用的能力。

2. 支持性

信息技术既是学习对象又是学习工具，在课程中体现了双重价值。课程鼓励学生将信息技术用于其他学科的学习，改进学习方式，并为学生的日常生活提供辅助与支持。

3. 实践性

学生学习信息技术的参与感很强，既要动手，又要动脑。课程应注重信息技术手段的运用，充分整合学校、家庭、社会等各种资源，通过实践体验活动引导学生学习，提高学习效率。

4. 发展性

信息技术发展迅猛，课程内容不断更新。信息技术的教学活动要面向学生的实际生活，促使学生更好地适应信息社会发展的需要。

二、课程理念

培智学校信息技术课程要着眼于满足学生适应信息时代的需要，充分尊重学生个体差异，帮助学生树立信息技术安全意识，促使学生更好地融入社会。

1. 联系生活实际，解决生活问题

培智学校信息技术课程应加强学生与生活环境和生活过程的联系，体现信息技术课程的实践性和实用性，帮助学生解决在生活中遇到的具体问题，使课程与学生的实际生活更加有效地融合。

2. 尊重个体差异，促进个性发展

培智学校信息技术课程应特别关注学生的个体差异，科学评估学生的特殊需要，选择合适的教学内容，针对不同程度、不同障碍类型学生的特点，实行个别化教学，促进学生个性化发展。

3. 重视功能改善，加速融入社会

培智学校信息技术课程应通过信息技术的辅助和支持，重视学生潜能的开发和功能改善，帮助学生更好地与人沟通交流，提升学生生活质量，为学生更好地参与社会、融入社会提供支持。

4. 遵循行为规范，提升安全意识

培智学校信息技术课程应遵循安全理念，充分认识到信息技术课程是学生联结社会的重要纽带，帮助学生在感受信息文化、体验信息技术的同时，促使其养成健康负责的信息技术使用习惯，并将信息技术的使用与社会道德规范、安全意识紧密结合，培养学生健康的生活方式。

第二节　课程目标

　　培智学校信息技术课程应遵循安全理念，充分认识到信息技术课程是学生联结社会的重要纽带，帮助学生在感受信息文化、体验信息技术的同时，促使其养成健康负责的信息技术使用习惯，并将信息技术的使用与社会道德规范、安全意识紧密结合，培养学生健康的生活方式。培智学校信息技术课程总体目标是培养学生的信息技术能力。学生信息技术能力主要表现在：了解信息技术基础知识；初步掌握信息技术基本技能；初步具备运用信息技术解决日常生活中实际问题的意识和能力；能够按照法律、文化和道德规范的要求使用信息技术。具体可以归纳为以下三个方面。

1. 知识与技能

　　（1）感受生活中的信息，了解现代信息技术的作用。

　　（2）认识常见的信息技术产品，初步掌握常用通信工具的用法。

　　（3）知道计算机相关硬件及软件的基础知识，了解它们的基本功能，并能够进行基本操作与简单应用。

　　（4）能运用网络获取信息，与他人进行交流。

2. 过程与方法

　　（1）能根据生活需要，利用信息技术获取、加工、表达与交流信息，体验信息处理的一般过程。

　　（2）能针对具体任务和特定主题，体验使用信息技术解决问题。

　　（3）能根据其他学科的学习需要，尝试使用信息技术。

3. 情感态度与价值观

（1）体验在信息技术学习活动中获得的成就感，激发学习信息技术的兴趣。

（2）能按照法律、文化和道德规范的要求使用信息技术，养成正确、规范的信息技术使用习惯。

（3）逐步树立保护个人信息的安全意识，增强使用信息技术的责任感。上述三个层面的目标相互渗透、有机联系，共同构成培智学校信息技术课程的培养目标。在具体的教学活动中，要引导学生实现知识与技能、过程与方法、情感态度与价值观等不同层面信息技术能力的综合提升和协调发展，不能割裂三者之间的关系。

第三节　教学设计

1.认识平板电脑

贺丹丹

设计心语：信息技术是现代社会不可或缺的一部分，随着信息技术的日益发展，我们的生活越来越离不开这薄薄的屏幕。对于特殊学生而言，信息技术课程可以帮助他们更好地适应现代社会的发展，他们更需要去了解和掌握常用的信息工具，以满足日常生活的使用需求。但是相较于操作复杂的台式电脑、笔记本电脑而言，学习使用平板电脑、手机等触屏式计算机反而更加贴近特殊学生的生活实际。为此本节课从生活出发，带领学生了解平板电脑的用途，引导学生正确的使用平板电脑进行学习、交流、娱乐休闲活动。

【课题名称】

认识平板电脑

【任教学科】

信息技术

【任教年级】

培智学校四年级

【任教课时】

第1课时

【教材版本】

校本教材

【教学目标】

根据《培智学校义务教育信息技术课程标准（2016年版）》中"知道计算机相关硬件及软件的基础知识，了解它们的基本功能，并能够进行基本操作与简单应用"的课程目标，本节课以认识平板电脑为切入点，设置了以下教学目标：

（1）初步认识平板电脑，知道平板电脑的主要作用。

（2）认识平板电脑的基础硬件及其功能，掌握平板电脑的基本操作。

（3）引导学生了解和正确地使用平板电脑。

根据学生的认知及能力水平，可以将学生分为能力较强的A组、能力一般的B组及能力较弱的C组，在教学过程中对三组学生设置如下分层目标。

A组：初步认识平板电脑的主要结构，如电源键、音量键、摄像头、充电口等；掌握平板电脑开机的方法；掌握平板电脑充电的方法。

B组：初步认识平板电脑的主要结构；在教师辅助下能进行平板电脑的开机、充电等操作。

C组：初步认识平板电脑的主要结构，能够指认出平板电脑。

【教学重点】

（1）初步认识平板电脑，了解平板电脑的用途。

（2）掌握对平板电脑的基本操作。

【教学难点】

通过知识迁移学习平板电脑的操作方法。

【教学准备】

电子白板、平板电脑、充电器、充电线。

【教学过程】

（一）新课引入

教师播放平板电脑的展示视频，展示平板电脑的功能与用途，然后请学生说一说视频中的人手里拿着的是什么，引出课题"认识平板电脑"。

板书：认识平板电脑

（二）新课讲授

1. 什么是平板电脑

播放视频：一分钟了解平板电脑。

教师：什么是平板电脑呢？平板电脑也叫便携式电脑，是一种方便携带的小型个人电脑，以触摸屏作为基础的输入设备。

课件展示台式电脑、笔记本电脑与平板电脑的图片，请C组学生圈出平板电脑。

教师：这三种电脑长得不太一样，请同学们观察一下，平板电脑和另外两种电脑有什么不一样的地方？

教师引导学生仔细观察平板电脑与台式电脑、笔记本电脑的不同之处，尝试说一说这三种电脑有哪些不同的部分。

教师：平板电脑外观只有一个大大的屏幕，没有其他的配件，这是因为平板电脑把这些配件都藏在了的屏幕的里面。

课件展示平板电脑的内部零件图，并简要介绍部分零件（如摄像头、扬声器、电池等）。

2. 平板电脑的用途

教师：平板电脑可以用来做什么呢？

引导学生说一说自己平时在家如何使用平板电脑，还知道平板电脑哪些的用途。

课件展示平板电脑的多种使用场景。

教师：平板电脑可以用来浏览网页、地图导航、看电影、玩游戏、听音乐、看书、学习、购物、写字、画画、办公等。

3. 平板电脑的组成

教师向学生展示平板电脑实物，同时课件出示平板电脑的正面图以及多角度实物图，向学生介绍平板电脑主要构成部分以及其功能（包括屏幕、电源键、音量键、摄像头、充电口）。

请A组学生认一认，找一找，教师发出指令，学生借助平板电脑指出对应位置。

教师：平板电脑也像我们人一样，它在工作的时候需要消耗能量，也就是电。当平板电脑电量不足的时候，我们就要找到它的好朋友——充电器和充电线。

课件出示充电线和充电器的图片，并向学生展示实物，请A组学生将平板电脑与充电器连接起来，教师辅助学生进行为平板电脑充电的操作。

4. 平板电脑的使用

教师：平板电脑想要开机，需要先找到电源键，然后一直按住电源键，直至屏幕出现动画。如果一直没有出现动画，可能是因为电量不足，需要先给平板电脑进行充电。

请B组学生尝试开机操作。

5. 使用平板电脑的注意事项

教师：平板电脑十分娇气，想要用它还要知道很多的规矩——平板电脑怕水，它碰到水就会坏掉，所以要远离水源。我们在使用平板电脑的过程中也不能拍打、敲打、弯折平板电脑。

课件出示使用平板电脑的场景，请学生说一说这些使用方法是否正确。

（三）小结

教师：今天我们认识了一个新伙伴——平板电脑，知道了平板电脑是一种更加便携的电脑，还认识了平板电脑的构成，学习了如何为平板电脑充电。希望同学们要懂得正确地运用平板电脑，学会正确地使用平板电脑，才能使其更好地为我们服务。

设计者简介

贺丹丹，深圳市福田区竹香学校信息技术教师，研究生毕业于深圳大学教育学专业。

2. 我会拍"证件照"

李钰钿

设计心语： 信息技术已经渗入学生日常生活中的方方面面，其中使用手机等电子设备的摄像功能，已经成为学生不可或缺的小技能之一。校本教材《信息技术》在高年段通过对多个课题的设计，带领学生分别了解了电子设备的摄像头的外形及功能，以及如何使用电子设备进行拍照、如何查看照片。为帮助培智学校的学生灵活地使用电子设备为他人进行拍照，直观地认识到被拍照时应该做出适当的姿势和表情，特把相关内容整合成本课——《我会拍"证件照"》，以实践的形式将学生需掌握的内容融入课堂中。

【课题名称】

我会拍"证件照"

【任教学科】

信息技术

【任教年级】

培智学校七年级

【任教课时】

第4课时（共4课时）

【教材版本】

校本教材七年级上册

【教学目标】

本课以我会拍"证件照"为主题，让学生先观察证件照的特征，思考证件照在生活中的作用，并尝试用电子设备为其他同学拍摄"证件照"。

本课程设置如下教学目标。

（1）使用电子设备的拍照功能，能拍出"横平竖直"以及不模糊的照片。

（2）了解证件照在生活中的应用，理解其功能和作用。

（3）体验拍照的过程，并且能在拍照时做出恰当的姿势和表情。

根据学生情况设置如下分层目标。

A层：能自主地使用电子设备的拍照功能，拍摄出大致适合证件照要求的照片。

B层：能使用电子设备的拍照功能，能在被拍照时做出恰当的姿势和表情。

C层：了解电子设备的拍照功能，能参与被拍照的活动并做出比较恰当的姿势和表情。

【教学重点】

在创设的情境中，能认识到证件照的特征及其在生活中的作用；在被拍照时，能做出恰当的姿势和表情。

【教学难点】

学生能自主地使用电子设备拍摄出适合证件照要求的照片。

【教学准备】

希沃白板、课件、平板电脑。

【教学过程】

（一）导入、了解证件照

1. 证件照导入，引出课题

利用希沃白板的"添加蒙版"功能，隐藏两张正、副班主任老师的证件照，让学生先猜猜照片里面的人物是谁，之后请学生上台将照片展示出来，让学生自主观察照片的特点，并进行自由讨论，同时引出本课程的内容——"我会拍'证件照'"。

2. 了解证件照的含义及作用

课件展示生活中常用的证件，如身份证、社保卡、公交卡等，让学生上台将证件中的照片在希沃白板上圈出来。同时，播放在照相馆拍摄证件照的示例视频，以照片和视频的形式，直观地向学生解释证件照的含义及其作用。同时，让学生自由分享是否有拍摄过证件照的经历。（展示常用证件的环节，先请全班学生统一回答证件的名称，再请C组学生在白板上圈出照片）

（二）拍照要领，认识证件照的特点

1. 复习拍摄照片的要领

课件展示引入情境，介绍本次课程的任务——当摄影师为学生拍摄"证件照"。课件展示之前课程学习的拍照要领，内含错误的选项，让学生自主选择正确的选项。正确的选项包含"拿稳设备不抖动""拍摄的画面一般要横平竖

直""耐心认真地与被拍的人沟通",错误的选项包含"倾斜设备随便拍照""拍摄的时候手一直晃动"。根据学生能力情况,本环节设计以下三种活动要求。

A组:自主选择出正确答案,可用语言表达出选项中错误的地方。

B组:在教师的协助下能选择出正确的答案,能简单地表达出选项中错误的地方。

C组:在教师的协助下能跟读出正确的答案并理解其含义。

2. 认识证件照的特点

将上课所用的平板电脑投屏,把之前学生在练习拍照时拍摄的照片进行展示,询问学生所展示的照片是不是证件照;将学生参与学校组织的活动的现场照片进行展示,询问学生所展示照片是不是证件照。之后,在课件中展示多张证件照,通过对比,让学生认识到证件照一般具有单人、免冠、人脸正面、背景为纯色等特点。

(三)"证件照"体验

1. 寻找拍摄地点

根据证件照"背景为纯色"的特点,让学生自主寻找教室内适合拍摄的地点。引导学生寻找"全部是白色"的背景,最终引导学生找到教室内有白色背景墙的位置。通过小小的思考活动,让学生对拍摄证件照要找到适合的背景有一定的认识。

2. 根据学生特点分组,开始拍摄

在课件里,展示当选"摄影师"和"模特"的小活动。根据学生特点,对学生进行适当分组,分别为"摄影师组"和"模特组"。

将平板电脑进行投屏,请"摄影师组"的学生开始为"模特组"的学生拍"证件照",教师对学生进行引导。引导内容包括"摄影师"需要请被拍照的学生到白色背景墙的位置进行拍摄,同时拍照时要保持设备拿稳不抖动,要将照片拍得"横平竖直",要将人脸正面拍全;"模特组"的学生需要站在指定的位置,并摆出恰当的姿势和表情,眼睛要看向摄像头。

拍照的过程全程投屏,学生可以看到"摄影师"拍摄的过程以及"模特"被拍的样子。这一环节以生动的教学形式让学生体验到拍照和被拍照的过程,加深学生的印象及理解。

3. 及时反馈，点评照片

每当一位学生拍摄完成后，教师都要将学生拍出的照片投屏到希沃白板上，对照片进行点评，点评的内容包括对"摄像师"的评价以及对"模特"的评价。根据学生能力情况，对学生拍摄或被拍照的具体内容做如下要求。

A组：能自主地使用平板进行拍照，拍摄的照片"横平竖直"不模糊，而且大致符合证件照要求；被拍照时能做出适合的姿势和表情。

B组：能在教师的指导下，用平板电脑拍摄出"横平竖直"不模糊的照片，而且大致适合证件照要求的照片；被拍照时能做出适合的姿势和表情。

C组：能在教师的指导下，使用平板电脑拍摄照片；被拍照时能做出适合的姿势和表情。

对于学生拍摄的照片及时进行反馈，对于学生操作好的地方多加表扬，对于操作不太好的地方进行适当点评，并请学生在观察拍出来的照片后，重新拍摄比较符合要求的照片。

（四）回顾，课后延伸

1. 课堂小结，布置小任务

教师总结：生活中我们经常会用到拍照的功能，同学们今天一起学习了怎么拍摄证件照。以后到照相馆里拍证件照的时候，就能从今天学到的知识中知道怎样做出最美丽的姿势和绽放最美丽的笑容了！

布置小任务：请给爸爸或妈妈拍摄一张"证件照"。

2. 组织下课

下课，起立，同学们再见。

设计者简介

李钰钿，中共党员，硕士学历，毕业于深圳大学教育技术学专业。现任深圳市福田区竹香学校信息技术课程教师，以及校内计算机社团课课程教师。教学上本着"授人以渔，教学相长"的理念，注重对学生日常所需的信息技术相关能力的培养，重视从学生的视角、用实践的方式，引导学生自主吸收知识。

康复训练

康复是指综合、协调地应用各种措施，对功能障碍者提供一系列基础训练、专业技术和环境支持的服务，使其达到和维持身心俱佳的功能状态。培智学校学生（以下简称"学生"）是高度异质而多样化的群体，除智力障碍之外，多数伴有运动、感知觉、沟通与交往、情绪与行为等障碍，其个体间差异及个体内差异较为显著。教育与康复的有机结合，能补偿学生身心缺陷，满足其学习与发展需求。康复训练课程对提升学生生活质量具有不可替代的特殊功能，在培智学校（以下简称"学校"）教育中占据十分重要的地位。

第一节　性质理念

一、课程性质

康复训练课程是为满足不同学生的康复需求而设置的选择性课程。本课程依据学生身心发展规律及康复需求，注重功能改善与潜能开发，体现了基础性、发展性、功能性、综合性、实践性的特点。

1. 基础性

课程强调训练学生日常生活及学习所必备的实用基本技能，包括动作、感知觉、沟通与交往、情绪与行为等方面，为学生其他课程的学习及参与各项活动奠定必要的基础。

2. 发展性

课程强调遵循学生身心发展规律，从其现有的基础入手，依照学生的最近发展逐级设定目标，开展有梯度的多样化训练，逐步提升学生生活及学习的能力。

3. 功能性

课程强调依据学生潜能，在实际生活情境中训练和发展学生动作、感知觉、沟通与交往、情绪与行为等方面技能，并充分提供支持，使其更好地发挥在生活和学习中的作用。

4. 综合性

课程强调训练内容涉及动作、感知觉、沟通与交往、情绪与行为多个领域，需针对学生不同的康复需求，制订个别化康复训练计划，采取多学科、跨专业的综合模式实施训练。

5. 实践性

课程强调以训练为主要手段，在校园、家庭、社区等真实或模拟情境中，培养学生的主动参与意识，提升其动作、感知觉、沟通与交往、情绪与行为等方面的基本技能。

二、课程理念

"教育与康复相结合"是学校课程设置的基本原则。康复训练课程以促进学生能力提升和身心健康发展为主要目的，遵循三大理念构建。

1. 以学生为本的理念

课程以学生发展为根本，强调从学生现有水平出发，满足其个性化康复需求。通过科学、合理、有效的康复训练，实现缺陷补偿和潜能开发，为学生适应社会以及终身学习与发展创造最基本的条件。

2. 个别化教育的理念

课程应根据学生生理和心理发展需求，针对学生的动作、感知觉、沟通与交往、情绪与行为等功能障碍，在全面评估的基础上，制订并实施个别化康复训练方案，增进学生的生活、学习与社会适应能力，提升其生活质量。

3. 全方位支持的理念

课程应注重学生的生活和学习需要，针对其身心障碍导致的功能受限问题，提供全方位的自然支持和专业支持，包括提供辅具和环境改造等，充分利用环境中的积极因素补偿学生缺陷，改善其身心障碍状况，提升其活动和参与能力。

第二节　课程目标

一、课程总目标

课程总目标是通过康复训练，改善学生在动作、感知觉、沟通与交往、情绪与行为等方面的功能障碍，提升其注意、记忆、语言、思维、情绪等发展水平，促进其潜能开发，为学生适应日常生活与学习活动以及终身发展奠定基础。

二、课程分目标

动作训练目标：提升粗大动作和精细动作能力，以满足学生日常生活及学习活动中移动、运动、工具操作等方面的需求。

感知觉训练目标：提升视觉、听觉、触觉、味觉、嗅觉、前庭觉与本体觉以及综合运用的能力，以满足学生在日常生活及学习活动中对不同信息接收、处理、运用等方面的需求。

沟通与交往训练目标：提升语言准备、前语言沟通技能、非语言沟通、口语沟通等基础能力，以满足学生日常生活及学习活动中沟通交往的需求。

情绪与行为训练目标：提升正确理解和适当表达情绪的能力，以满足学生在日常生活及学习活动中人际交往的基本需求；制订并实施积极行为支持方案，使学生表现适当行为，减少或消除不适当的行为。

第三节 教学设计

1. 快乐的小袋鼠

潘鹏期

设计心语：跳跃是人体基本的活动能力之一，通过对跳跃的练习，能逐步提升学生的跳跃能力，有效锻炼下肢的肌肉，起到塑造下肢肌肉的作用。跳跃训练可以加强腿部力量，改善学生跳跃能力和增强身体运动的协调性，提高膝关节和踝关节的承受能力。本节课主要采取动作模仿式教学和重复训练式教学，通过模仿袋鼠的跳跃动作，增强学生关注度，再通过动作重复训练，来达到提升学生身体协调能力和跳跃能力，提高身体素质的目的。

【课题名称】

快乐的小袋鼠

【任教学科】

康复训练

【任教年级】

培智学校七年级

【任教课时】

第1课时（共1课时）

【教材版本】

参考培智学校义务教育课程标准（2016年版）

【教学目标】

本节课以"模仿袋鼠跳"活动为背景，为模仿"袋鼠跳"，学生需要通过学习原地跳、向前跳一步、连续跳跃三个活动环节，将教学内容与动作模仿相结合，感受到跳跃的趣味性。设置以下教学目标。

（1）观察袋鼠跳跃的动作，并能依据自己所观察内容去模仿袋鼠跳跃的动作，培养学生观察和模仿能力。

（2）上课过程进行跳跃动作练习，促进学生身体协调能力和跳跃能力的发展。

根据学生情况进行如下分层目标。

A层学生能够主动观察袋鼠跳跃，并能进行动作模仿，能够较好地完成课程中的动作练习。

B层学生能够在教师引导下进行袋鼠跳，能够在教师的口令辅助和动作示范下完成动作练习。

C层学生能记住模仿动作的名称，在教师的辅助下完成跳跃动作练习。

【教学重点】

练习双脚向上跳的动作。

【教学难点】

练习双脚向上跳时双脚起跳的技巧与协调性。

【教学准备】

教学视频、教学PPT、布袋（塑料袋）。

【教学过程】

（一）准备活动

（1）教师进行整队，学生立正、稍息、向右看齐。

（2）伴随音乐，学生跟随教师进行原地踏步、高抬腿、后踢腿等练习，做好充分热身活动。

（二）视频导入，引入主题"快乐的小袋鼠"

1. 引入主题"快乐的小袋鼠"

通过播放视频《神奇的袋鼠》，让学生观察视频中快乐的小袋鼠是怎么进行跳跃的，引出主题"快乐的小袋鼠"。

板书："快乐的小袋鼠。"

2. 模仿袋鼠跳

大家刚看了视频，袋鼠是如何跳跃的呢？对，是用双腿跳跃的。接下来，让我们也学着袋鼠那样跳，来看一看哪位同学学得最像。

给学生一人发一个小布袋，伴随着欢快的音乐，自由发挥模仿袋鼠跳，教师进行巡查。A层学生自己独立完成模仿袋鼠跳；B层、C层学生在教师给予适当提示和辅助支持下完成袋鼠跳。

教师提醒注意：××同学跳得真像一只袋鼠，太棒了！教师提议：请他给我们做下示范，好吗？在学生进行示范时，提醒其他同学认真观察该同学是怎么跳的。在动作示范完后，请同学讲一讲学习袋鼠跳的诀窍。

教师小结：将布袋套在两脚上，双手捏住袋口，双脚闭拢，起跳时膝盖微微弯曲，落地时前脚掌落地，注意缓冲。

（三）跳跃练习

教师导语：接下来，让我们一起进行袋鼠跳的动作练习吧，做一只快乐的小袋鼠。

1. 原地跳

教师进行原地跳跃的动作示范后，学生不用布袋进行原地跳动作的练习，原地直立进行上下跳跃，对C层学生进行必要的提示和指导，让学生在掌握动作要领后自由跳跃。A层学生在教师进行动作示范后，能独立完成原地跳动作练习；B层学生在教师的口令辅助和动作示范下完成原地跳动作练习；C层学生在教师的辅助支持下完成原地跳动作练习。

2. 向前跳一步

教师进行向前跳跃的动作示范并讲解原地跳与向前跳跃的区别：原地跳身体是尽可能往上跳的，向前跳跃是呈半蹲式向前跳跃的，需要弯曲膝盖。学生不用布袋自由地进行向前跳跃一步的练习，教师进行巡查，适当进行辅助。A层学生在教师进行动作示范后，能独立完成向前跳一步的动作练习；B层学生在教师的口令辅助和动作示范下完成向前跳一步的动作练习；C层学生在教师的辅助支持下完成向前跳一步的动作练习。

3. 连续跳跃

教师讲解连续跳跃与向前跳一步的区别：连续跳跃是在向前跳一步的基础上再继续进行跳跃，同时还要保持膝盖弯曲。学生不用布袋进行连续跳跃的动作练习，在掌握动作要领后，让学生把双脚伸进布袋，自由进行袋鼠跳。同时强调在膝盖弯曲起跳的时候，双手要紧握袋口，以免跌倒。A层学生在教师进行动作示范后，能独立完成连续跳跃动作练习；B层学生在教师的口令辅助和动作示范下完成连续跳跃动作练习；C层学生在教师的辅助支持下完成连续跳跃动作练习。

（四）及时反馈，教师评价

教师使用小黑板记录，对在上述环节中完成全部内容的同学进行点赞好评并表扬。

（五）课后拉伸

进行大腿、小腿的拉伸，让学生充分拉伸自己的大腿、小腿。

（六）总结回顾

1. 课堂小结

教师总结：伴随在我们身边的跳跃活动非常多，同学们学会了跳跃，就能参与很多精彩的游戏活动，在生活中碰到障碍也可以跳跃过去。请同学们在课后想一想，哪些动物也是像袋鼠一样跳跃的呢？

布置作业：放置一个小障碍物，然后跳跃过去。

2. 组织下课

下课，师生再见，辅管教师和值班学生收拾训练器材，并放置于指定位置。培养学生归位意识，用过的公共器材要放回原来的位置。

设计者简介

潘鹏期，深圳市第二特殊教育学校康复训练教师，硕士研究生，毕业于华中师范大学，主要从事于培智类学生的粗大动作训练，体能训练。

2. 投掷垒球

刘毅

设计心语：本课题着眼于培智学生身体运动功能提升的需要，基于"以学定教"的理念，以学生发展为本，以活动为载体，创设情境，借助游戏、组合练习、比赛等方式激发学生主动学习的兴趣，使其能够在游戏之中学会原地单手侧向投掷垒球，发展其粗大动作功能，为今后的生活能力发展奠定基础。预留探究空间，让学生在活动中发现问题与解决问题，学技术用技能，提高投掷能力，发展基本活动能力，培养团结合作、积极进取的良好品质，促进社交技能的提高。

【课题名称】

投掷垒球

【任教学科】

康复训练

【任教年级】

培智学校八年级

【任教课时】

第2课时（共2课时）

【教材版本】

参考培智学校义务教育康复训练课程标准（2016年版）

【教学目标】

本课以"争做优秀小战士"为教学背景，学生需要通过"炸碉堡"、原地单手侧向投掷垒球、"投过封锁线"、"跳房子"等游戏活动完成目标，将课程思政理念有机融入康复课程教学之中。设置如下教学目标。

（1）通过"学、练、赛"，学生能够主动做出侧身转至正面并快速挥臂投出垒球的动作，以投掷垒球为主线发展投掷能力，并将此能力迁移应用到其他生活和学习活动中。

（2）提高学生体能，发展基本活动能力。

（3）使学生学会与他人合作，能够包容、理解他人，形成"强军爱国"的思想。

并根据学生情况设置如下分层目标。

A层：能够通过转腰带动身体到正面，将腿、腰、手臂连起来用力，手臂快速挥打，将垒球投出；

B层：能够通过转腰带动身体到正面，手臂快速挥打，将垒球投出；

C层：能够使用惯用手进行垒球投掷，积极参与课堂教学。

【教学重点】

投球瞬间手臂快速挥打。

【教学难点】

腿、腰、手臂协调用力。

【教学准备】

《特种兵训练》、《原地单手侧向投掷垒球》微视频；节奏音乐；放松音乐。垒球十个、锥形桶若干、呼啦圈两个。提前检查场地是否存在安全隐患。

【教学过程】

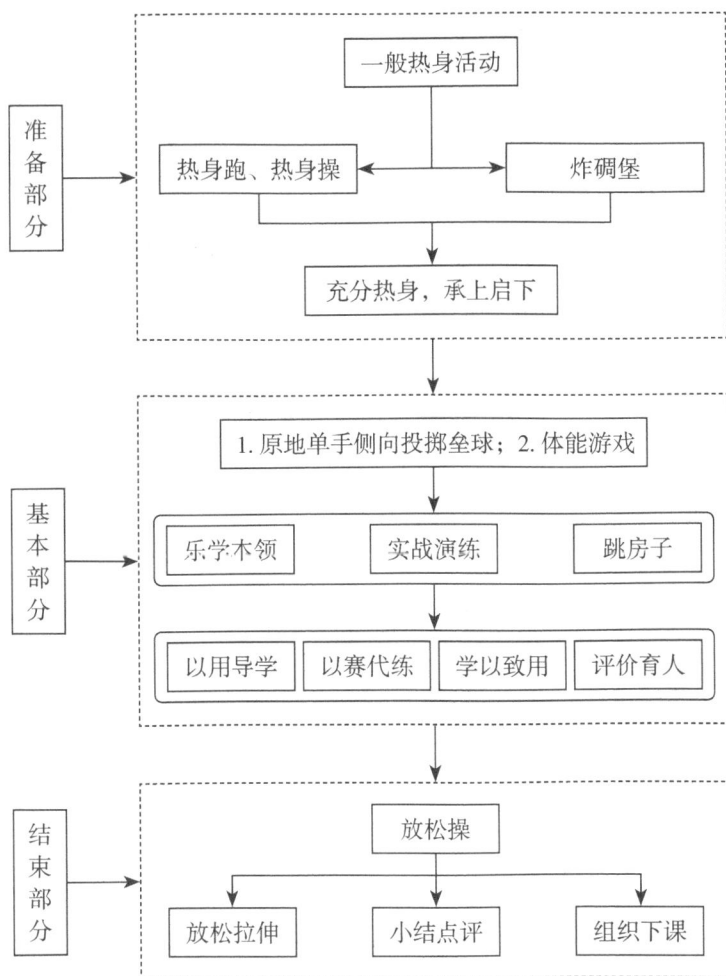

（一）准备部分：充分热身，承上启下

1. 课前导入：创设情境，激情促学

播放《特种兵训练》微视频，引导学生"争做优秀小战士"，布置学习投掷垒球的任务。带领学生进行热身跑和热身操练习。

2. 趣味游戏：炸碉堡

引导学生争做优秀小战士，跟随教师一起使用垒球当作手榴弹，击毁前方的碉堡。在场地上画一条白线，在距离白线不同的位置放置三层锥形桶，锥形桶代表敌方碉堡，学生可以用垒球当作手榴弹，单手投掷，击倒或击中锥形桶。设置以下三种游戏要求。

A层：能够使用左手和右手交替进行投掷，击倒或击中第二层或第三层的锥形桶；

B层：能够使用惯用手进行投掷，击倒或击中第一层或第二层的锥形桶；

C层：能够使用惯用手进行投掷，将垒球投向锥形桶的方向即可。

（二）基本部分：建构结构化教学内容，促进有效学习

1."乐学本领"：以用导学，学会方法

播放《原地单手侧向投掷垒球》微视频，播放完毕后请学生思考刚才在游戏中自己的投掷动作和视频中有什么不同。教师讲解原地单手侧向投掷垒球的动作要领并示范。学生分小组合作练习，教师及时进行个别指导。邀请动作做得标准的学生进行展示，并请学生说说自己的观后感。组织第二次练习，练习中设置以下三种要求。

A层：能够通过转腰带动身体到正面，将腿、腰、手臂连起来用力，手臂快速挥打，将垒球投出；

B层：能够通过转腰带动身体到正面，手臂快速挥打，将垒球投出；

C层：能够使用惯用手进行垒球投掷。

对学生的练习情况及时给予评价。

2."实战演练"：以赛代练，强技促能

"投过封锁线"游戏。教师讲解游戏方法和规则，有三条不同距离的封锁线，投过第一条得2分，投过第二条得3分，投过第三条得5分，先进行分层的个人赛，再按照互帮互助的原则，将学生4人一组分成两组进行团队赛，团队赛第一名获得"猛士队"称号，第二名获得"勇士队"称号。比赛完后组织学生互评。

3. "跳房子"：体能补偿，均衡发展

播放节奏音乐，学生排成一路纵队，跟随教师进行跳房子练习，进行下肢的锻炼。

（三）结束部分：放松拉伸，小结评价

1. 组织拉伸

组织学生跟随音乐拉伸，放松身心。

2. 小结点评，布置作业

教师总结：各位小战士，在一系列的比赛和练习中我们学习了单手侧向投掷垒球，提升了我们的基本活动能力，大家都成功晋级为优秀小战士。在今后的学习和生活中，希望大家能继续努力。

布置作业：课后与父母一起进行投掷游戏。

3. 组织下课，整理器材

宣布下课，师生再见。引导学生帮助老师整理器材。

设计者简介

刘毅，深圳市第二特殊教育学校康复训练教师，研究方向为体育运动与身心健康，擅长培智学校学生的身体运动功能康复训练。曾参与国家自然科学基金项目一项；在日常教学中积极反思，善用科学理论指导教学，目前公开发表国家级和省级期刊论文各一篇，方向均为特殊学生身体运动功能康复相关论文。

第十章

艺术休闲

10

培智学校的艺术休闲课程（以下简称"课程"）是培智学校义务教育阶段的一门选择性课程。课程旨在通过文艺、体育、游戏、旅游等多种休闲方式，培养培智学校学生（以下简称"学生"）的休闲能力，陶冶学生的生活情趣和生活品位，提高学生的生活质量。本课程对学生终身发展具有重大意义。

第一节　性质理念

一、课程性质

本课程是一门立足于培养学生当前和未来休闲能力的选择性课程，具有综合性、活动性、选择性和开放性等特征。课程在发展学生休闲能力的同时，让学生在休闲活动中得到情感、态度、价值观的教育。

二、课程理念

1. 尊重学生个体差异

本课程充分尊重学生的个体差异，依据其身心发展特点和生活实际，设置合适的教学目标，选择适宜的教学内容和教学方法，关注学生在生活环境、兴趣爱好等方面的不同需求，提高其生活质量。

2. 关注学生休闲生活需求

本课程以学生为本，关注学生当下和未来的休闲生活需求，密切结合社会发展与学生的生活实际，选择适宜的休闲活动，将休闲教育从课堂、校园延伸到家庭、社区，为学生适应生活、适应社会奠定基础。

3. 重视学生参与体验

本课程以丰富学生的休闲体验为出发点，运用相关学科的知识技能、生活经验，整合多种休闲活动资源，通过多种途径激发学生的参与兴趣，体验愉悦的情感，养成良好的休闲习惯。

第二节　课程目标

一、总目标

本课程总体目标是学生通过参与休闲活动，可以掌握基本的休闲知识和技能，学会选择合适的休闲方式，体验休闲的乐趣，遵守休闲的伦理规范，养成良好的休闲习惯，丰富、愉悦学生的精神生活，陶冶生活情趣，提高生活质量。

二、领域目标

1. 休闲认知

了解常见的休闲活动；知道生活中从事休闲的时间和环境；知道自己喜欢并能参与的休闲活动。

2. 休闲选择

能根据兴趣爱好、需求和能力基础，选择适合的休闲活动和场所，形成基本的自我决定能力。

3. 休闲技能

学会安排休闲活动；能与同伴合作开展休闲活动；能在休闲活动中管理好自己的情绪及行为；能利用合适的休闲资源；能在休闲活动中注意安全。

4. 休闲伦理

了解休闲活动的行为准则；能选择参与健康、有品位的休闲活动，形成正确的休闲价值取向。

第三节　教学设计

> ### 神奇的电影音乐——《请记住我》
> #### 亢鸿志
>
> 　　设计心语：艺术休闲旨在通过文艺、体育、游戏、旅游等多种休闲方式培养培智学校高中生的艺术休闲能力，陶冶生活情趣，提高生活品位，提升学生的生活质量。欣赏电影音乐是充分体验电影艺术休闲的重要途径之一。通过深圳市第二特殊教育学校校本课程《休闲生活》第四部分"艺术休闲"的第三单元观赏电影——第二课电影音乐，带领学生简单地从电影音乐的角度入手，了解电影音乐对观众理解电影的重要作用，学会通过欣赏电影音乐更深刻地理解电影内容，通过欣赏电影音乐体验电影休闲的快乐。

【课题名称】

电影音乐欣赏《请记住我》

【任教学科】

休闲生活

【任教年级】

培智高中三年级

【任教课时】

第2课时（共2课时）

【教材版本】

深圳市第二特殊教育学校校本课程《休闲生活》

【教学目标】

本课以班级主题活动"影音沙龙"为教学背景，为筹备班级主题活动，学生需要在自习课通过网络搜索影片《寻梦环游记》观看或了解电影的故事梗概以及主要人物，初步聆听感知主题曲《请记住我》。将教学内容与实际休闲生活深度融合，设置如下教学目标。

（1）在观影时能够主动关注电影音乐。

（2）能够通过理解歌词含义从而理解该歌曲出现时电影的情节内容。

（3）能够进行简单的模仿哼唱，从而加深自己对电影的理解。

并根据学生情况设置如下分层目标。

A层：在观影时能够主动关注电影音乐，理解歌词并在电影音乐的烘托下加深对电影的理解与感悟，能够将电影及电影音乐传达的正能量落实到生活中。

B层：能在观影过程中，主动关注电影音乐，并通过电影音乐帮助自己理解电影情节。

C层：能够在观影时耐心聆听电影音乐并通过电影音乐感受观赏电影的乐趣。

【教学重点】

通过关注电影音乐理解电影情节，体会观赏电影的乐趣。

【教学难点】

感悟《寻梦环游记》中《请记住我》的核心思想：人虽有别离，但还是希望亲人朋友能够记住我，使我永存于你们的记忆中。

【教学准备】

（1）希沃白板及课件。

（2）带有背景音乐《请记住我》的《寻梦环游记》电影片段，班内学生与自己家长的温馨生活照片轮播视频。

（3）家庭角色照片。

（4）色卡（红、黑、黄、绿、蓝）。

【教学过程】

（一）趣味导入，对比发现

1. 歌曲导入，引出课题

播放《请记住我》，请学生回忆自习课看过的是哪一部电影，引出本课课题《请记住我》。

板书：神奇的电影音乐《请记住我》

2. 对比观看有背景音乐与无背景音乐的电影片段

播放事先准备好的电影片段，但关掉声音，学生只看画面与字幕。引导学生在视觉享受的同时关注电影中的人物、事件。在教师的引导下由学生简单陈述电影中的人物、事件。再次播放视频并打开声音，学生在教师的引导下聆听背景音乐，并阐述电影情节。

（二）讨论电影音乐的加入为自己带来了什么样的感受

1. 讨论电影音乐出现后自己的理解

教师引入情境。带领学生回忆前情提要：

米格尔家的长辈因曾曾曾爷爷为了音乐梦抛弃家庭而全都反对米格尔接触音乐，为了追求音乐梦想，米格尔不顾家人反对来到了亡灵音乐节，游历一番后认识到了家人的重要性，而米格尔的家人在他回来的那一刻终于理解了他的音乐梦想，受到了音乐的感染开始接纳米格尔和音乐。

根据学生能力情况，本环节设计以下三种活动要求。

A组：能够表达出"奶奶受到音乐感染，家人开始理解米格尔的梦想，并听到米格尔渴望被家人记住的心声"的内容。

B组：能够简单说出电影情节"米格尔唱歌给奶奶听，奶奶听到音乐后从昏迷中苏醒"。

C组：能够判断此时的电影情节中有动听的背景音乐出现，并能随音乐轻轻晃动身体。

2. 讨论电影音乐出现后自己的感受

用之前所学色卡表达自己的感受，教师拿出五色色卡，引导学生回忆：红色——愤怒，黑色——恐惧，蓝色——忧伤，黄色——温暖，绿色——平静、舒适。

根据学生能力情况，本环节设计以下三种活动要求。

A组：用完整的语言表述在电影音乐的烘托下，此情节带给观众"温暖"的感受，并抽出黄色色卡。

B组：主动抽出黄色色卡，并表达"温暖"的感受。

C组：在教师的引导下拿黄色色卡，认同此情节是温暖的。

3. 总结描述

教师通过刚刚的展示与讨论，说明正是因为有了电影音乐，观众对电影的理解才能更彻底、更深刻。同时，电影音乐的出现也使得电影本身变得更加有趣。我们可以在观影时多关注电影音乐。

4. 学会哼唱歌曲

教师请一位A层的学生用歌曲软件搜索出《请记住我》，并以0.75倍速与学生一起学唱。

根据本课目标要求，不要求唱会，唱熟，A、B层学生会哼唱即可。C层学生能够跟着音乐摇摆身体。所有学生均能用自己自由的方式作享受音乐的状态。

（三）举一反三，更深刻地理解电影音乐对观影的帮助

1. 观看自己与家人温馨共处的照片轮播

教师放映无声的班级学生与家人温馨共处的照片，并请一名A层的学生用语言表述"我爱我的家人"。播放完毕后引导学生回忆自己与家人的点点滴滴。

教师二次放映学生与家人温馨共处的照片，在旁边唱《稻香》"还记得你说家是唯一的城堡，随着稻香河流继续奔跑，微微笑，小时候的梦我知道……"并在唱的过程中用身体带动学生摇摆互动。

2. 进一步明确，音乐对电影的作用

请学生对比两次观看与家人的温馨场景，哪一次更打动人心，学生均作答："第二次。"

教师总结音乐在电影中的重要作用：让听觉与视觉联动，更充分地感受电影带给我们的情感体验。

（四）总结回顾，课后延伸

1. 课堂小结

电影中还有很多好听的音乐。同学们在观赏电影时可以多多关注电影音乐，而不仅仅是依赖字幕和情节理解电影，尝试在音乐中把自己想象成情节中的角色，可以更好地理解电影。

2. 布置作业

请和爸爸妈妈一起观看音乐电影《欢乐好声音》。

3. 组织下课

一起唱《再见歌》"让我们说再见……"

设计者简介

亢鸿志，深圳市第二特殊教育学校音乐学科组长，广东省小提琴学会会员，广东省陈丽江名师工作室网络学员。参与多项市级、校级课题研究，曾参与国家艺术基金支持项目一项，现参与市级课题一项，校级课题两项。2021年获深圳市级微课大赛二等奖，2023年指导的培智高中生情景剧《最初的梦想》获光明区残疾人文艺会演一等奖，以此获优秀指导教师奖。2023年获第五届中国博鳌艺术节深圳赛区小提琴青年组金奖。

第十一章

心理健康

11

中小学心理健康教育，是提高中小学生心理素质、促进其身心健康和谐发展的教育，是进一步加强和改进中小学德育工作、全面推进素质教育的重要组成部分。中小学生正处在身心发展的重要时期，随着生理、心理的发育和发展、社会阅历的拓展及思维方式的变化，特别是面对社会竞争的压力，使他们在学习、生活、自我意识、情绪调适、人际交往和升学就业等方面，会遇到各种各样的心理困扰或问题。因此，在中小学开展心理健康教育，是促进学生身心健康成长的需要，也是全面推进素质教育的必然要求。

第一节　指导思想和基本原则

一、指导思想

开展中小学心理健康教育工作，必须高举中国特色社会主义伟大旗帜，以邓小平理论、"三个代表"重要思想、科学发展观、习近平新时代中国特色社会主义思想为指导，学习践行社会主义核心价值体系，贯彻党的教育方针，坚持立德树人、育人为本，注重学生心理和谐健康，加强人文关怀和心理疏导，根据中小学生生理、心理发展特点和规律，把握不同年龄阶段学生的心理发展任务，运用心理健康教育的知识理论和方法技能，培养中小学生良好的心理素质，促进其身心全面和谐发展。

二、基本原则

开展中小学心理健康教育，要以学生发展为根本，遵循学生身心发展规律，必须坚持以下基本原则。

1. 坚持科学性与实效性相结合

要根据学生身心发展的规律和特点及心理健康教育的规律，科学开展心理健康教育，注重心理健康教育的实践性与实效性，切实提高学生心理素质和心理健康水平。

2. 坚持发展、预防和危机干预相结合

要立足于教育和发展，培养学生积极的心理品质，挖掘他们的心理潜能，注重预防和解决发展过程中的心理行为问题，在应急和突发事件中及时进行危机干预。

3. 坚持面向全体学生和关注个别差异相结合

全体教师要树立心理健康教育意识，尊重学生，平等对待学生，注重教育方式方法，关注个别差异，根据不同学生的特点和需要开展心理健康教育和辅导。

4. 坚持教师的主导性与学生的主体性相结合

要在教师的教育指导下，充分发挥和调动学生的主体性，引导学生积极主动关注自身心理健康，培养学生自主自助维护自身心理健康的意识和能力。

第二节 目标与任务

一、心理健康教育的总目标

提高全体学生的心理素质，培养他们积极乐观、健康向上的心理品质，充分开发他们的心理潜能，促进学生身心和谐可持续发展，为他们健康成长和幸福生活奠定基础。

二、心理健康教育的具体目标

使学生学会学习和生活，正确认识自我，提高自主自助和自我教育能力，增强调控情绪、承受挫折、适应环境的能力，培养学生健全的人格和良好的个性心理品质。对有心理困扰或心理问题的学生，进行科学有效的心理辅导，及时给予必要的危机干预，提高其心理健康水平。

三、心理健康教育的主要任务

全面推进素质教育，增强学校德育工作的针对性、实效性和吸引力，开发学生的心理潜能，提高学生的心理健康水平，促进学生形成健康的心理素质，减少和避免各种不利因素对学生心理健康的影响，培养身心健康、具有社会责任感、创新精神和实践能力的德智体美全面发展的社会主义建设者和接班人。

按照"全面推进、突出重点、分类指导、协调发展"的工作方针，不同地区应根据本地实际情况，积极做好心理健康教育工作。

1. 全面推进

要普及、巩固和深化中小学心理健康教育，加快制度建设、课程建设、心理辅导室建设和师资队伍建设，积极拓宽心理健康教育渠道，建立学校、家庭和社区心理健康教育网络和协作机制，全面推进中小学心理健康教育科学发展，在学校普遍建立起规范的心理健康教育服务体系，全面提高全体学生的心理素质。

2. 突出重点

地方教育行政部门和学校要利用地方课程或学校课程科学系统地开展心理健康教育；要加强心理辅导室建设，切实发挥心理辅导室在预防和解决学生心理行为问题中的重要作用；加强心理健康教育师资队伍建设，建立一支科学化、专业化的稳定的中小学心理健康教育教师队伍。

3. 分类指导

大中城市和经济发达地区，要在普遍开展心理健康教育工作的基础上，继续推进和深化心理健康教育工作，努力提高质量和成效，率先建立成熟的心理健康教育服务体系；其他地区，要尽快完善心理健康教育工作机制，建立心理健康教育辅导室和稳定的心理健康专业教师队伍，普遍开展心理健康教育工作。

4. 协调发展

坚持公共教育资源和优质教育资源向农村、中西部地区倾斜，逐步缩小东西部、城乡和区域之间中小学心理健康教育的发展差距，以中西部地区和农村地区发展为重点，推动中小学心理健康教育全面、协调发展。按照"城乡结合，以城带乡"的原则，加强城乡中小学心理健康教育的交流与合作，实现心理健康教育全覆盖和城乡均衡化发展。同时，着力提高中小学心理健康教育质量和成效，促进学生的心理素质和德智体美全面协调发展。

第三节　教学设计

自信的力量

梁涛

　　设计心语： 智力残疾高中学生因在感知、注意、记忆、沟通、交往等方面存在诸多的障碍，导致其在日常学习和生活中很难拥有并树立自信心，容易出现情绪低落、胆怯、自卑、交往能力较差、注意力分散和社交回避、退缩等问题。而自信是一个人正常生活或走向成功所必须具备的重要心理品质，帮助智力残疾高中学生建立并增强自信心是心理健康课堂教学中提高他们人际沟通交往和融入社会生活能力非常重要的内容。本课在充分运用希沃（Seewo）软硬件平台的智慧教学互动功能的基础上，注重发挥AiSchool软件、IPAD交互平板在本课中的重要参与和支持作用，教师结合自信心主题设计了情境导入、故事赏析、心理游戏、课堂分组练习、行为指导训练和课外阅读等学习和体验环节，学生在智慧课堂的引领下，更好地参与课堂的教学和体验，逐步认识到自信的重要意义，学会发现和展示自己的长处和闪光点，在收获自信心、增强交往能力的基础上获得更多的心理成长，为打造智慧心理健康教育活动课堂做出了积极的努力。

【课题名称】

自信的力量

【任教学科】

心理健康

【任教年级】

培智学校智力残疾（轻度）高二年级

【任教课时】

第1课时

【教材版本】

《心理健康教育》（教育部中小学心理健康教育指导纲要）

【教学目标】

1. 知识与技能目标

学生能认识到自信的含义及重要性，理解自信心与个人生活的联系，能主动地发现和展示自己身上的优点和长处，同时掌握一些简单的建立自信的方法；并在以后的学习和生活中去实践和锻炼，提高自己运用希沃和AiSchool软硬件等信息技术手段参与探究、学习的能力。

2. 过程与方法目标

学生掌握认识自我的简单方法，理解挖掘自我闪光点的过程，关注自信心培养提高的过程，学到探究自我、合作交流的方法。

3. 情感态度与价值观目标

学生产生对心理健康课的兴趣，激发对自我的积极关注，在游戏互动中体验兴奋、紧张、快乐的情绪，在大胆尝试中收获被肯定的满足和成功的喜悦，树立较强的自信心，增强心理健康意识，养成乐观积极的学习和生活态度。

本课根据学生特点及能力分为苹果组、橙子组、香蕉组，苹果组学生能跟随教师的教学和引导达成以上教学目标，橙子组学生能在教师引导或辅助下基本达成以上教学目标，香蕉组学生能在教师的全程辅助下参与课堂的学习，建立起和同学之间的交往合作联系，体验课堂活动的乐趣。

【教学重点】

本课通过充分利用希沃（Seewo）教学软件、AiSchool以及平板电脑等优秀高科技教育信息技术软件成果提供的强大功能平台，将学生感兴趣的音频、视频、游戏活动及学习材料等精心组织、有机融合起来，重点运用希沃教学软件及AiSchool的资源整合、互动展示、智慧教学、延伸拓展等功能，通过游戏体验、知识讲解、课堂练习、学生表演等环节，帮助学生更好地认识自己，了解自己的长处和闪光点，体验被肯定、被欣赏的感觉，尝试树立自信，并掌握基本的树立自信心的小方法。

【教学难点】

运用希沃（Seewo）教学软件、AiSchool以及平板电脑的智慧教学功能，帮助学生理解自信的重要性，引导学生展露自己真实的内心世界，启发他们寻找自己的优点，正向地看待和评价自己，初步建立积极的自我概念，进而树立自信心。

【教学准备】

希沃（Seewo）教学课件及软硬件系统、AiSchool软件系统、平板电脑及交互系统、故事音频、教学视频、课外阅读材料等。

【教学过程】

（一）情境导入

（1）教师播放四张展示自信的图片，启发学生回答问题，介绍"插上自信的翅膀"主题。

（2）播放励志MV视频《相信自己》，师生共同观赏；师生一起跟唱歌曲，在歌唱中感受自信带给我们的鼓舞和力量。

（3）提问：同学们，刚才歌词中重复次数最多、给你印象最深的一句话是什么？

回答：相信自己。

设计意图： 通过歌曲视频的欣赏，让学生在音乐的旋律中受到熏陶、感染和鼓舞；通过师生共同的歌曲跟唱，让学生在歌唱中领会歌词的意思，领会自信的内涵，受到初步的启发；通过教师的提问，引入"相信自己"即自信这个主题。

课件（软件）使用及分析：

使用希沃课件的"形状""添加蒙层""橡皮擦"及动画设置功能展示图片和主题文字；运用希沃课件的"多媒体""视频打点"功能插入并播放视频；使用"板中板""画笔"功能供教师和学生书写主题及关键词"相信自己"；使用"放大镜"功能突出主题词。

（二）游戏激趣，感受自信

心理小游戏：一分钟能拍手多少次？

教师宣布展示游戏规则。

（1）学生估算自己在一分钟内的拍手次数。

（2）学生代表在一分钟内持续拍手，记录次数。

（3）将预测次数和实际次数进行对比。

（4）提问，学生思考作答。

学生预测自己的拍手次数，并到讲台上当众实践限时拍手游戏，在白板上写下数字，畅谈感受。

设计意图： 通过游戏激发学生参与课堂的兴趣，让学生在游戏中感受自信的内涵，发现一个具有更大潜力的自己，体验成功的喜悦，初步建立积极的自我概念。

课件（软件）使用及分析：

运用希沃课件的"动画设置"功能展示游戏规则；运用希沃课件的"计时器"功能为学生游戏进行现场计时提醒；运用希沃"画笔""添加蒙层""板

中板""橡皮擦"等功能记录呈现学生游戏的结果。

（三）故事启迪，认识自信

教师播放故事有关的图片和视频《昂起头来真美》，学生听读故事。

提出问题，学生思考、分组讨论后回答。

设计意图：通过有趣故事激发学生好奇心和求知欲，学生从故事情节中体验自信的重要性和意义，初步建立自信的意识。

课件（软件）使用及分析：

通过希沃"多媒体"功能插入故事图片、插入并播放故事视频，展示故事情节；通过希沃"画笔""形状""橡皮擦"等辅助功能，讲解故事内容，突出故事的重点部分；运用AiSchool软件中的"课堂提问"功能，截取分组问题并分别通过平板电脑"推送"给各小组同学，供其查阅和讨论。

（四）游戏激趣，收获自信

活动一：我的心事我来说。

活动二：我的优点树。

活动三：夸夸我自己。

活动四：让我来夸夸你。

（1）教师带领引导学生参与四个游戏活动，运用希沃软件、AiSchool系统及平板电脑推送难度不同的分组游戏任务；学生通过平板电脑写出或画出自己优点，完成游戏任务，教师选择部分具有代表性的学生在白板上予以展示讲解。

（2）学生展示自己的优点树，并在讲台上大声地进行自我表扬。

（3）学生主动举手，站到讲台上，接受全班或本组同学的现场夸奖和赞美。

设计意图：鼓励学生大胆发掘自身的优点，建立用欣赏的眼光看待自己的意识，帮助建立积极的自我形象；学生在他人帮助下，体验被欣赏的感觉，增强自信心。

课件（软件）使用及分析：

运用希沃课件的"多媒体""添加蒙层""动画设置"等功能展示教学内容、学生作业的图片、"我的优点树"游戏规则和教师提问等内容；运用AiSchool软件中的"开始授课""课堂提问""收起"功能，截取分组问题"我的优点树"分别通过平板电脑"推送"给各小组每一个同学，供其查阅和操作来完成作业，并用"作答对比""对比讲解""展示"功能对学生的作业予以展示和讲解。

（五）行为训练，强化自信

行动强化与指南：打开自信之门的小钥匙。（行为指导与训练）

教师展示介绍打开自信之门的小钥匙：坐、站立时昂首挺胸；说话时正视别人的眼睛；练习在公开场合大胆发言；积极的自我暗示：经常告诉自己"我能行"，学生上台进行行为训练，教师运用思维导图总结生活中提升自信心的方法。

设计意图：给予学生具体的行动指导，帮助学生明确建立自信的基本方法，强化和巩固自信心。

课件（软件）使用及分析：

运用希沃课件的"多媒体""文本""形状"和"组合""锁定"等功能，呈现教学图片、文字，运用"动画设置"功能设置呈现方式和顺序；运用希沃课件的"思维导图"功能呈现教学内容。

（六）分组练习，巩固提高

分层小组练习："自信与不自信的表现。"

教师设置分层分组课堂作业练习，学生在平板电脑上进行现场操作练习，并将答案推送发布，教师讲解分析。

设计意图：通过现场AiSchool有趣的推送手段和平台，学生得到适合自己的作业练习，激发学习兴趣，进一步理解自信的意义，学会理解、区分生活中自信与不自信的表现。

课件（软件）使用及分析：

主要运用希沃课件的智慧教学"课堂活动"之"趣味分类"功能，重点结合AiSchool软件中的"开始授课""课堂提问""收起"功能，截取分组问题"趣味分类""判断对错""图片连线"等分层分组作业，分别通过IPAD"推送"给各小组每一个同学，供其查阅和操作完成作业，并用"作答对比""对比讲解""展示"功能对学生的作业予以展示和讲解。

（七）总结升华，歌颂自信

（1）朗诵诗歌《我自信！我能行！》。

（2）教师带领学生齐读诗歌；全班诵读诗歌。

设计意图：通过诵读诗歌，进一步感受课堂主题，理解自信的意义，增强自信心，形成积极的自我概念，情感得到进一步升华。

课件（软件）使用及分析：

运用希沃课件的"多媒体""文本""形状"和"组合""锁定"等功能，呈现教学图片、诗歌全文，运用"动画设置"功能设置呈现方式和顺序；运用"画笔"、橡皮擦、放大镜等功能辅助教师讲解。

（八）教学小结

教师和学生一起总结：相信自己，大胆尝试；不断进步，收获成功。

课件（软件）使用及分析：

运用希沃课件的"多媒体""文本""形状"和"组合""锁定"等功能，呈现教学图文，运用"动画设置"功能设置呈现方式和顺序；运用"画笔"、橡皮擦、放大镜等功能辅助教师讲解。

（九）课外拓展

教师发放故事阅读材料《握住自信》，让学生课后阅读，下节课分享体会。

设计者简介

梁涛，深圳市第二特殊教育学校教师，曾获得深圳市教育教学信息化大奖赛、微课大赛、论文及教学活动案例征集等教育科研竞赛奖励5次；主持广东省教育厅中小学德育及心理健康教育研究课题1项，顺利结题并获优秀；参与研制省级课题5项，其中1项荣获全国"十一五"教育科研成果二等奖；参与完成深圳市教育科研重点规划课题三项、校级课题五项。参与编写著作《特殊教育学校办学模式》、《特殊教育学校校本课程开发》（北京大学出版社），在《理工高教研究》《中国校外教育》《新课程》《科教导刊》《南方教育时报》等国家、省、市级刊物上发表论文8篇。